JN098401

植物刺繍と
12か月のおはなし

マカベアリス

季節の中で感じること、
考えること
それが形になるまで

日本文芸社

Contents

［図案の見方］

・刺繍糸は指定以外は、
　オリムパス25番刺しゅう糸を使用
・Sはステッチの略
・（ ）内の数字は糸の本数

サテン・S 810 (3)

サテン・ S 810 (3)
ステッチの名前 ステッチの略 糸の色番号 糸の本数

［作り方の見方］

・寸法図、作り方に入っている数字の単位はcm
・材料の用尺は横×縦の順
・材料の布寸法は、刺繍枠をはめるため、
　余裕を持った寸法にしています。

◎返し口のとじ方

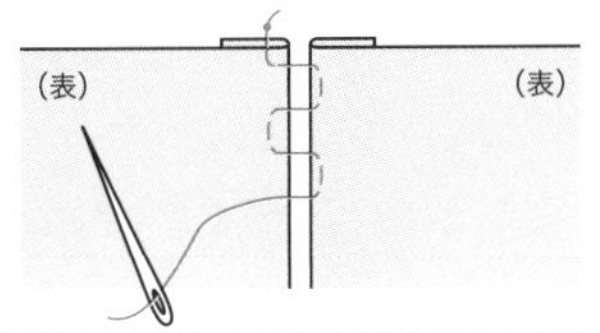

(表)
(表)

4

April

命の営みを続ける草花たち

コンクリート塀のすき間からすっくと伸びた黄色い花を見つけました。
オニタビラコの花です。
細い茎の先に小さな黄色い花をいくつも咲かせる様子が
何とも愛らしい。

その足元には、これも黄色のカタバミ。
少し先に目をやると、ペンペングサが風に揺れています。

春がやってきたのです。
道端のあちこちに顔を出している草花たちに挨拶をしなければ。

都会の道端にさえ生える小さな草花に私はいつも感動します。
この世界には、「生かそう、生かそう」とする命があることに。
のどかに、それでいてたくましく、淡々と命の営みを続ける草花たち。
その姿には尊敬の念さえ覚えます。

そんな小さな草花たちが春を喜ぶように生えるさまを刺繍したい。
いろいろ考えた末、小さなバッグを作ることにしました。
「春の道草バッグ」です。

フレッシュな感じを出したいので、生地は白のリネンに。
刺繍糸はグリーン系で、色合いをそろえます。

図案を布に写し、刺繍をする時間は、いちばん楽しいときです。
一針一針刺すごとに、ふくらみを帯びて現れてくるディテール。
まるで生きているかのような立体感は、刺繍の醍醐味のひとつです。

一針ずつしか進まない刺繍は、とても時間がかかる作業ですが、
時間をかけてでしか生まれない温かみがあります。

バッグは巾着仕立てでワンハンドル型。
持ちやすくかわいいので、気に入っている形です。
このバッグを携えて、また道草の旅に出かけたくなりました。

小さな春の道草バッグ ［実物大図案 p.60／作り方 p.97］

ツバメの季節 [実物大図案 p.62]

ヒメジョオン ［実物大図案 p.63］

5
May

風にそよぐやわらかい木の葉

外はすっかり新緑の季節。
冬の間、じっとエネルギーを蓄え、準備していた木々たちが、
暖かい風とともに一斉に緑の手を伸ばします。

木々を通り抜ける風は本当に爽やかで
縮こまっていた体にもみずみずしい風が吹き込まれるよう。

こんな自然の美しさに感動して、作品のイメージがふいに
立ち上がってくることがあります。

イメージをさらにふくらませるために、
ときには水彩絵の具に水を含ませ、スケッチブックに絵筆を滑らせます。
にじむような緑のグラデーション。
絵というより、紙と筆の感触を楽しんでいる感じです。
明るい緑の葉が生き生きとリズム感を持って
風にそよぐ様子を形にしたいなあ。

書棚からいろいろな資料を引っ張り出しました。
パラパラと眺めるうちにふと目に留まったのが、
インドの更紗模様の本の１ページです。

素朴な木版に彫られた植物モチーフを
職人がひとつひとつ押して作る連続模様のテキスタイル。
新緑の生き生きとした感じを出すにはこれかもしれない……。
作品のイメージが固まりました。

緑色の刺繍糸を並べて、色を選んでいきます。
一口に緑と言っても黄味がかったものから青緑までさまざま。
今回は新緑なので、黄緑を中心に。
生地はこの色がよく映えるマッシュルーム色のリネンを。

同じ模様をいくつも刺すのは、編み物のような楽しさがあります。
ときどき広げてみては、
だんだんと模様が仕上がっていく喜びを感じるのです。

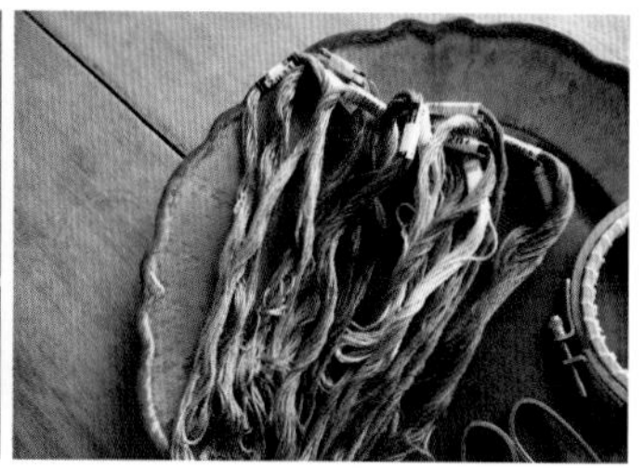

新緑のカバークロス ［ 実物大図案 p.65 ／作り方 p.97 ］

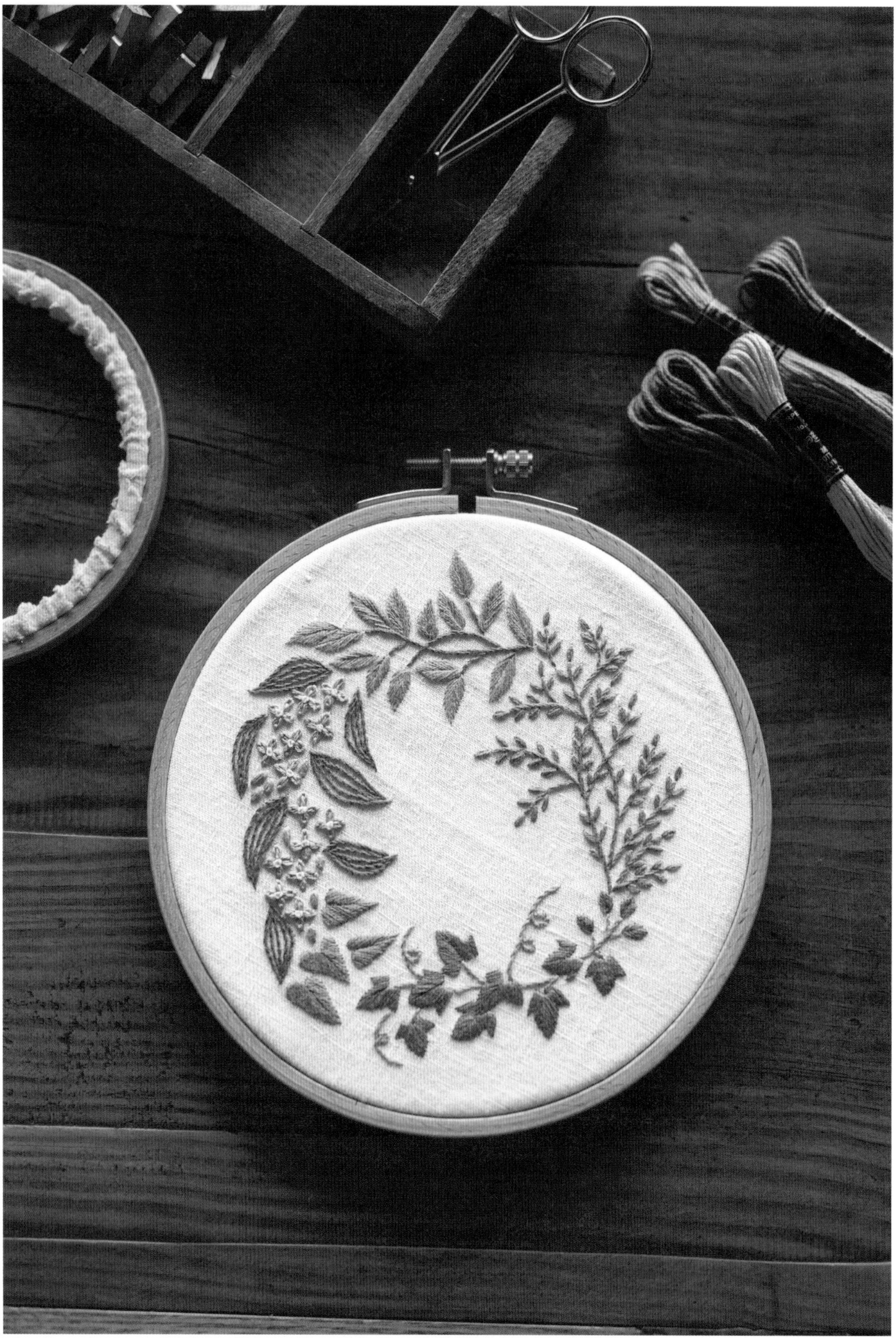

風薫るリース ［ 実物大図案 p.64 ］

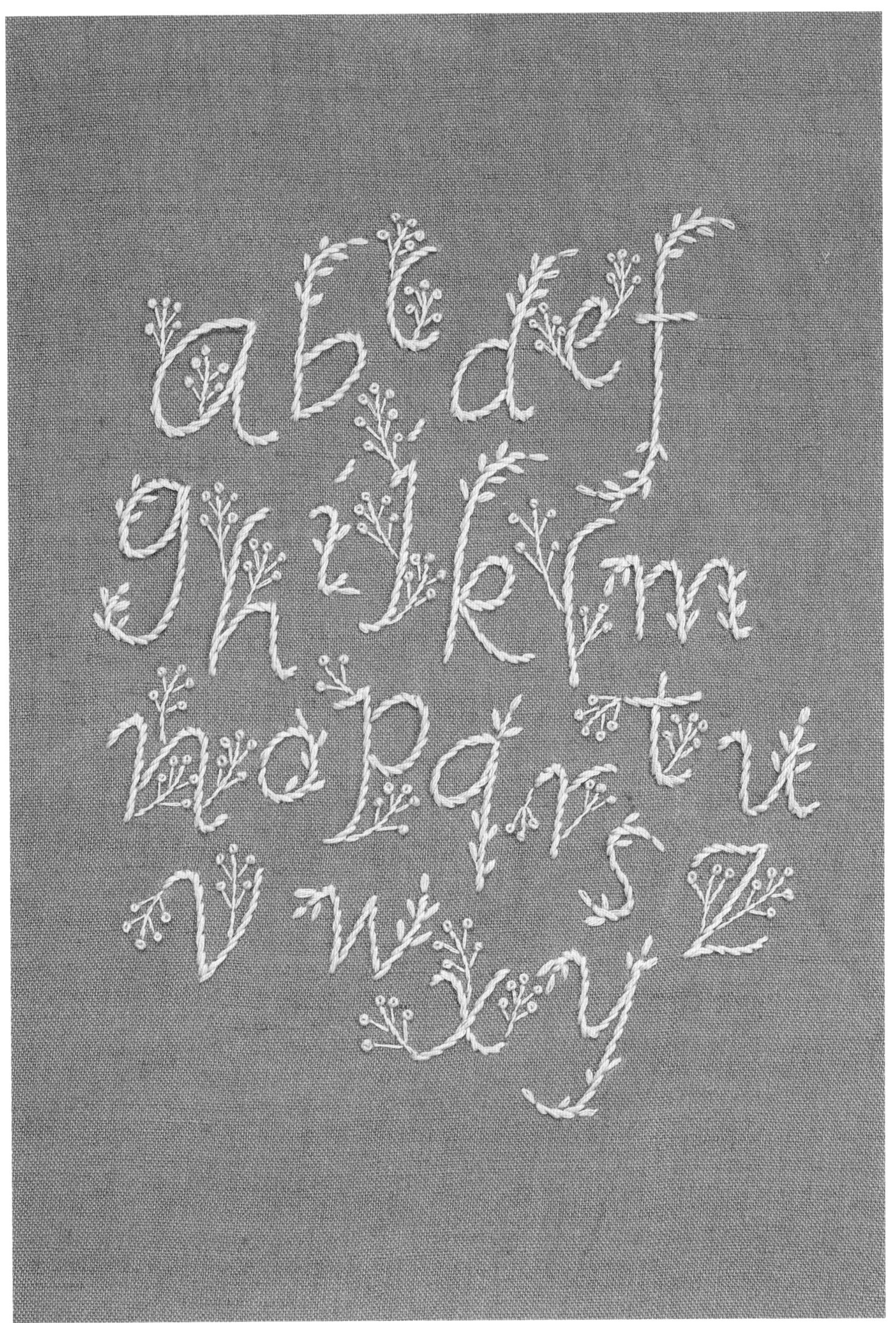

葉っぱのアルファベットサンプラー［実物大図案 p.66］

June

雨が似合う花々

植物にとっては「恵みの雨」のこの時季。
たまには傘をさしながら、
雨の日をじっくり味わう散歩も楽しいものです。

雨が似合う花といえば紫陽花。
雨降る中に佇む紫陽花はまるで水彩画のようで、
葉の上に光る雨粒は宝石のように輝いています。

とりわけ私が気に入っているのは、白いガクアジサイ。
散歩の通り道にあった古いアパートの敷地に、
こんもりと光るように咲いている姿に心惹かれました。

今まで刺繡のモチーフにすることがなかった紫陽花。
季節感が出すぎてしまうのがその理由なのかもしれません。
けれども、この白いガクアジサイに出会ったことで
図案にしてみようと思い立ちました。

ガクアジサイに合わせたのは、ドクダミの白い花と、
紫の葉と花のグラデーションが美しいムラサキゴテンです。

図案ができると布に写す作業が始まります。

インディゴブルーのリネンを選んだので、
白い複写紙を布と図案の間に挟み、
トレーサーで丁寧になぞり、写していきます。

この作業は刺繍をするうえでとても大切な工程。
いったん刺し始めると、図案の線と針先しか目に入らないので
図案を正確に写すことができているかどうかが
刺繍の美しさを左右するのです。

天から雨の恵みを受けて喜んでいるような
「雨粒と６月の植物」の刺繍パネルができました。
少し憂鬱に思える雨の日も、植物の気持ちになってみると、
違う気持ちで過ごせるかもしれません。

雨粒と6月の植物 ［実物大図案 p.67］

夏椿 ［ 実物大図案 p.68 ］

野ばらの庭 ［ 実物大図案 p.69 ］

7

July

在りし日の夏の思い出

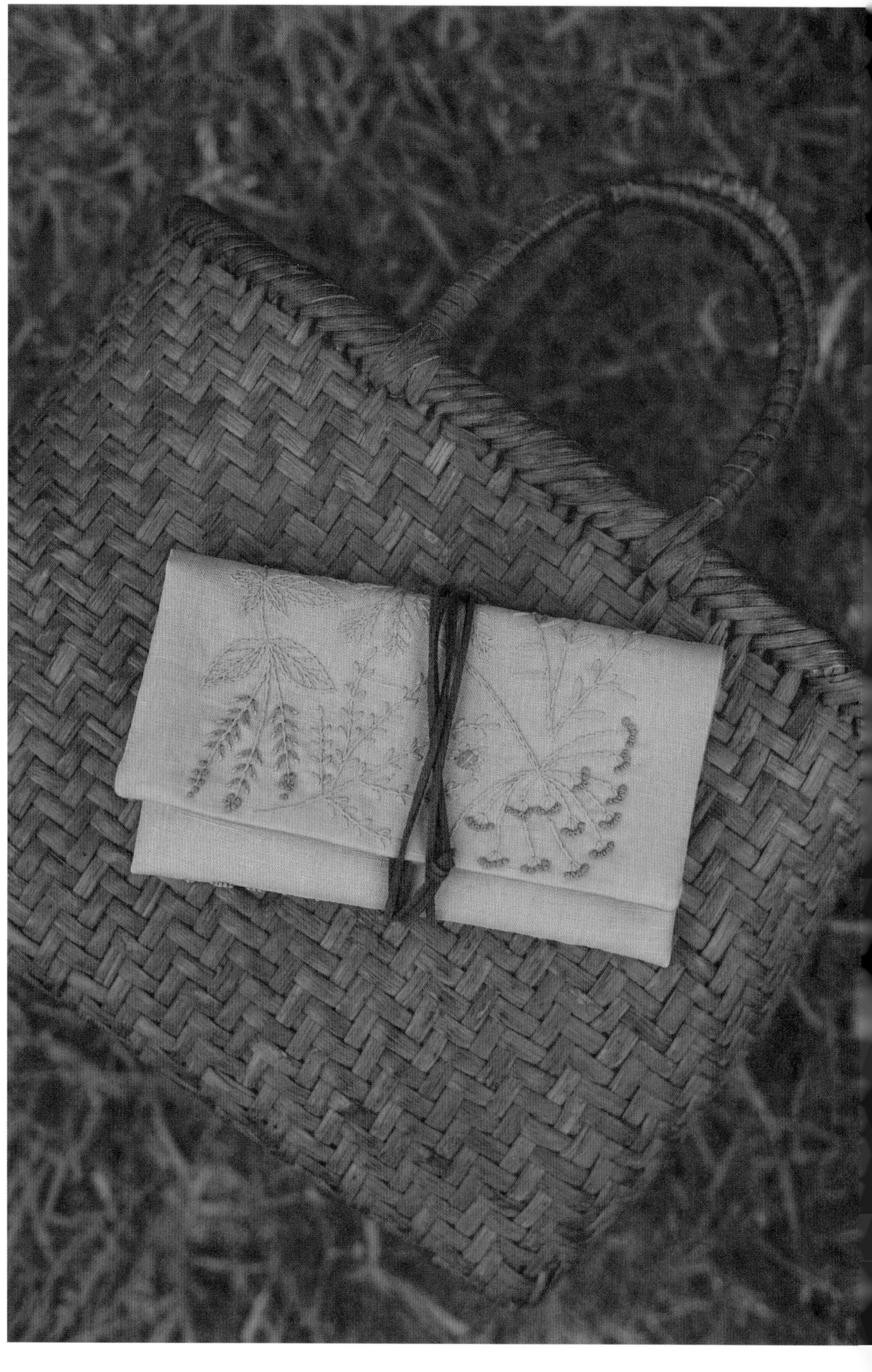

じわじわとあの暑い夏がやってきています。

昔から暑いのは苦手でした。
食欲と体力が落ちがちな夏には、爽やかな香りのハーブが欠かせません。
我が家の小さなベランダでも数種類のハーブを育て、
この時季の料理に役立てています。

ハーブの中でも忘られない思い出があるのはミントです。
清涼感のある香りを嗅ぐと、私の心は20代の頃、
1年あまりを過ごしたイスラエルに一気に飛んでいくのです。

イスラエルの夏は、日中は気温が40℃以上になることもあり、
外に出るのは危険なほどです。
ようやく気温が下がった夕方のある日、外のテラスで涼んでいたときに、
ホストファミリーのお母さんが出してくれたのが、
ミント入りのレモネードでした。
一口飲んで、そのおいしさに驚きました。
暑さを過ごした体が、まさに欲していた味だったのです。

そんな在りし日の夏の記憶をたどりながら、
ハーブを刺繍します。
みずみずしさを感じるよう、糸は爽やかなブルーグリーンを。
その強さに負けないような、
濃いめのピンクをアクセントにしたら
大人っぽさに程よいかわいさが加わるかもしれない。

こんな風にして色が決まり、
チクチク楽しい刺繍時間が始まりました。

暑さに弱りそうな夏も、
この刺繍のハーブたちが励ましてくれるかもしれません。

ハーブ刺繍のひもつきポーチ
[実物大図案 p.70 / 作り方 p.98]

ハーブ刺繍のサンプラー ［実物大図案 p.70］

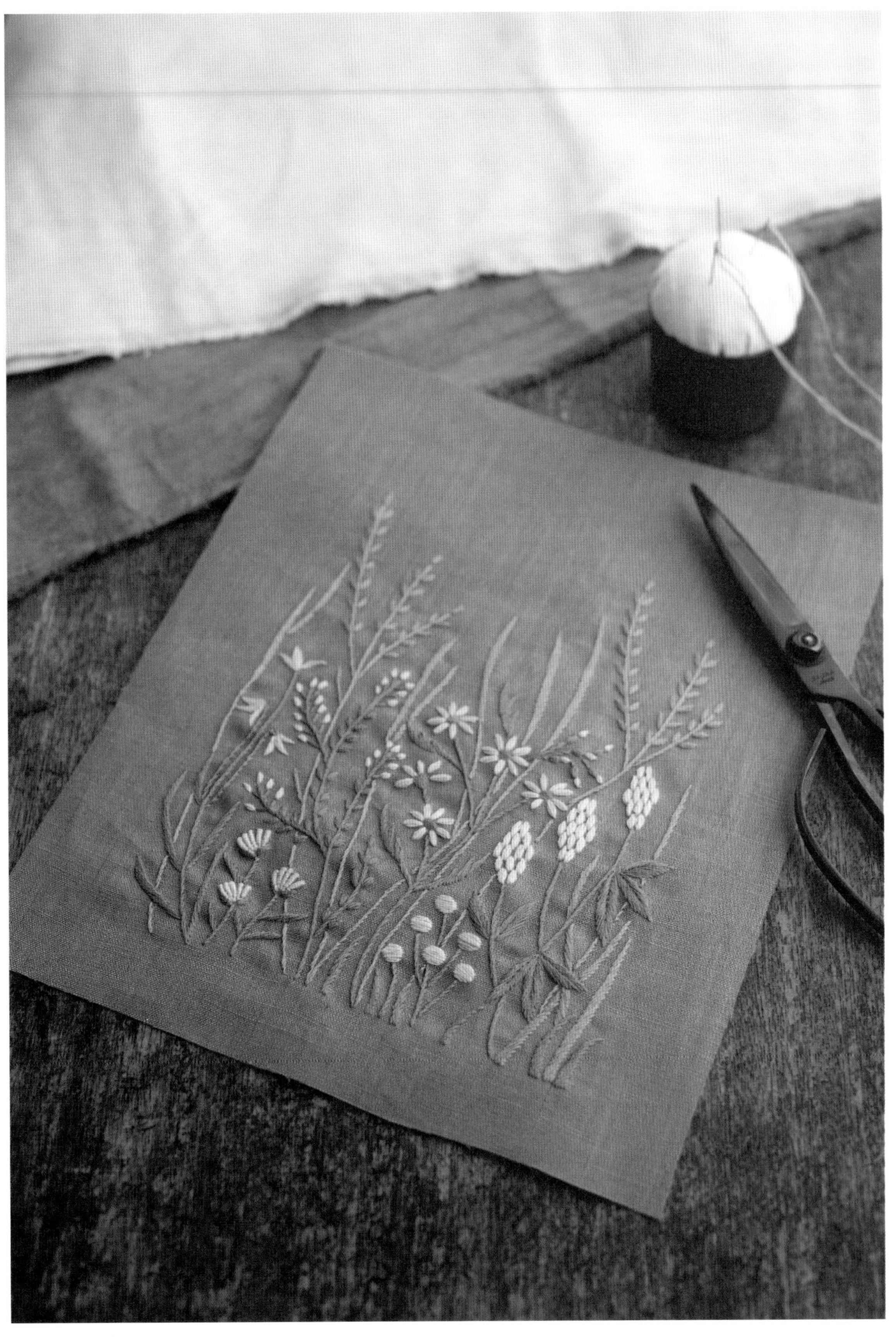

匂い立つ野原 ［実物大図案 p.71］

8
August

涼やかに心に飛び込む色

長い梅雨がようやく明けたと思ったら、いきなり真夏がやってきました。
待ち構えていたように、公園では蝉の大合唱。
子どもたちも虫取り網を手に、遅く来た夏を楽しんでいるよう。

青い空、白い雲の爽快感は、やはり気持ちがいいものです。
とはいえ、本当に暑いこの季節。少しでも快適にしのいでいきたい。
気持ちは無意識に涼を求めるようで、例えば色。
この時季は青い色が目に飛び込んでくるような気がします。

刺繍糸もやはり青い糸に引き寄せられます。
海の深さを思わせるような紺色、爽やかなスカイブルー、
冷たい川の流れのような水色……。
青系の糸を並べてみると、やはりこの季節にぴったりの色合いです。

今月はこの青い糸を使って刺繍しましょう。
作ったのは青いグラデーションを生かした数字のサンプラー。

数学が苦手で、数字にはあまり親しみを抱いたことがないのですが、
けれどもこの形、本当によくできていると思うのです。
カーブといい、直線といい、デザインが素晴らしい。
そして、全世界共通というのも素晴らしい。

あるとき、数字の線を植物の茎や実や花に置き換えてみたら、
途端に優しい表情になり、嬉しくなりました。
こんな数字で勉強していたら、数学がもっと好きになっていたかも。
それ以来、植物モチーフの数字サンプラーは、
よく作る作品のひとつになりました。

青いグラデーションを刺していくのは、本当に気持ちがいい。
暑い夏の間はこれを眺めて、気分だけでも涼やかにいきましょう。

青い花の数字サンプラー ［実物大図案 p.72］

晩夏のサシェ グリーン（A）／アイボリー（B）［実物大図案 p.73／作り方 p.98］

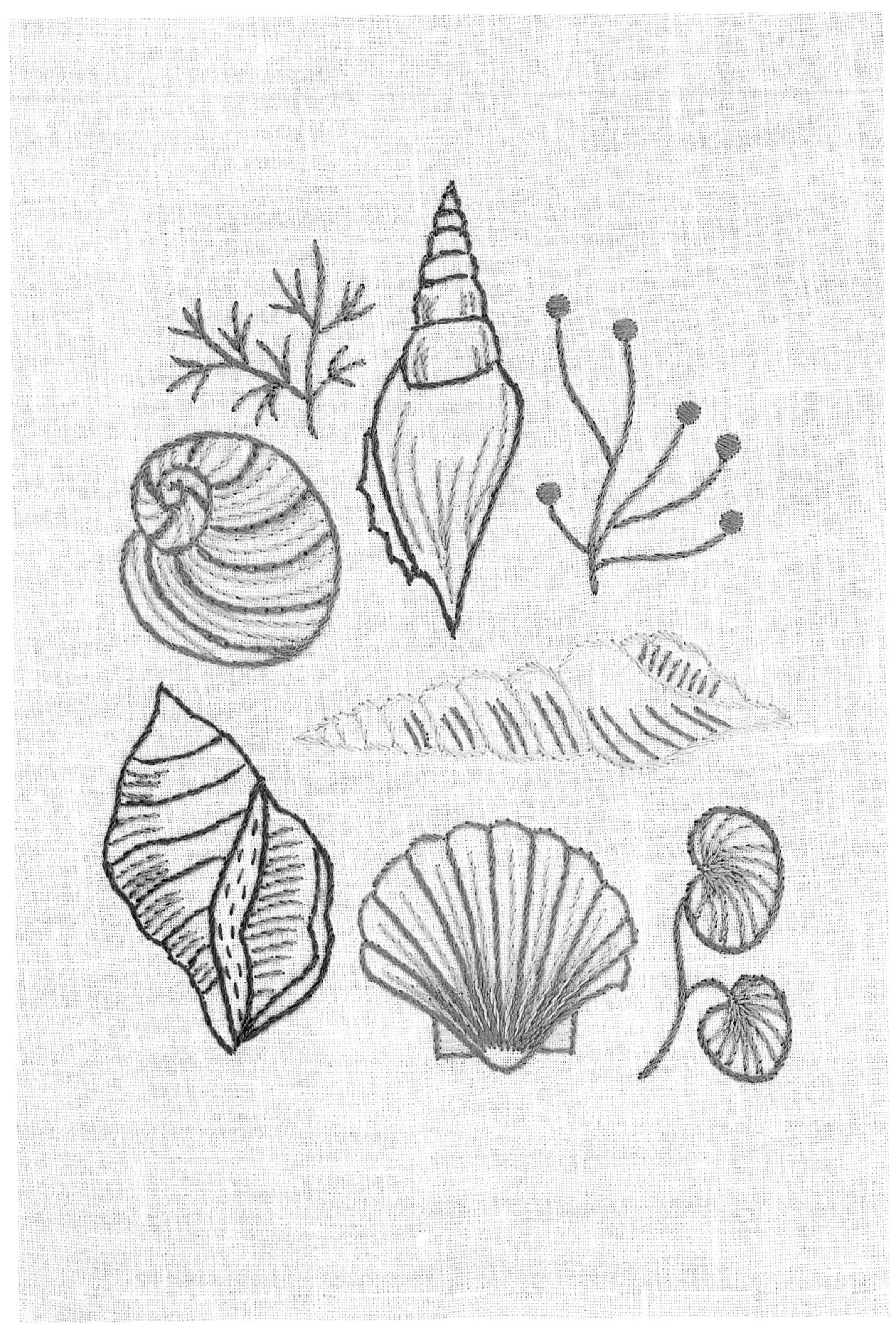

貝殻集め ［実物大図案 p.74］

9
September

初秋の夕べにチクチクと

暑さから徐々に解放され、気持ちも落ち着いてくると、
何か無性に手を動かしたくなります。

少し以前は、この時季に編み物をすることが楽しみのひとつでした。
手袋や靴下など小さなものをせっせと編んだものです。

パッチワークに励んだこともあります。といっても、
ただ四角に切った小さな布をつなげていくだけで難しいことはしません。
花柄やチェックなど少しテイストの違う布も、
つなげていくと不思議と味になり、1枚の大きな布とは違う表情に。
そして手をかけた分、愛おしさを感じるのです。

パッチワークを初めて知ったのは、
子どもの頃に観たテレビ番組、「大草原の小さな家」でした。
アメリカの西部開拓時代に力を合わせて生きる一家を描いた、
ローラ・インガルス・ワイルダー原作の物語です。

ワイルダー一家が住む丸太小屋の家のそこここに、
パッチワークのカーテンやひざ掛け、寝具などがありました。
素朴だけれどカラフルで、質素な椅子やベッドによく似合い、
子どもの私は「すてきだなあ」と見入っていたことを思い出します。

大変な生活の中でも、色合わせを考えながら縫い進めていくのは、
きっと心楽しいひとときだったのではと想像します。
今と違って手作りすることが、生活に直結する時代。
針を持つことはたくましく生きることでもあったのかもしれません。

このパッチワークにリスペクトを込めて、刺繍で表現してみよう。
少々時間がかかりそうですが、心も落ち着く初秋の夕べ、
チクチクとゆっくり刺し進めていきましょう。

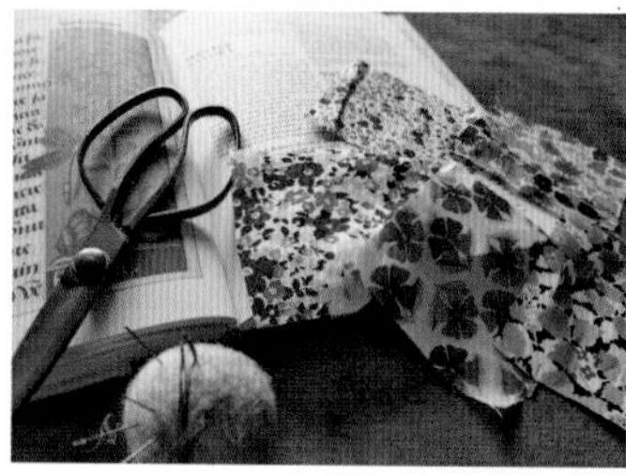

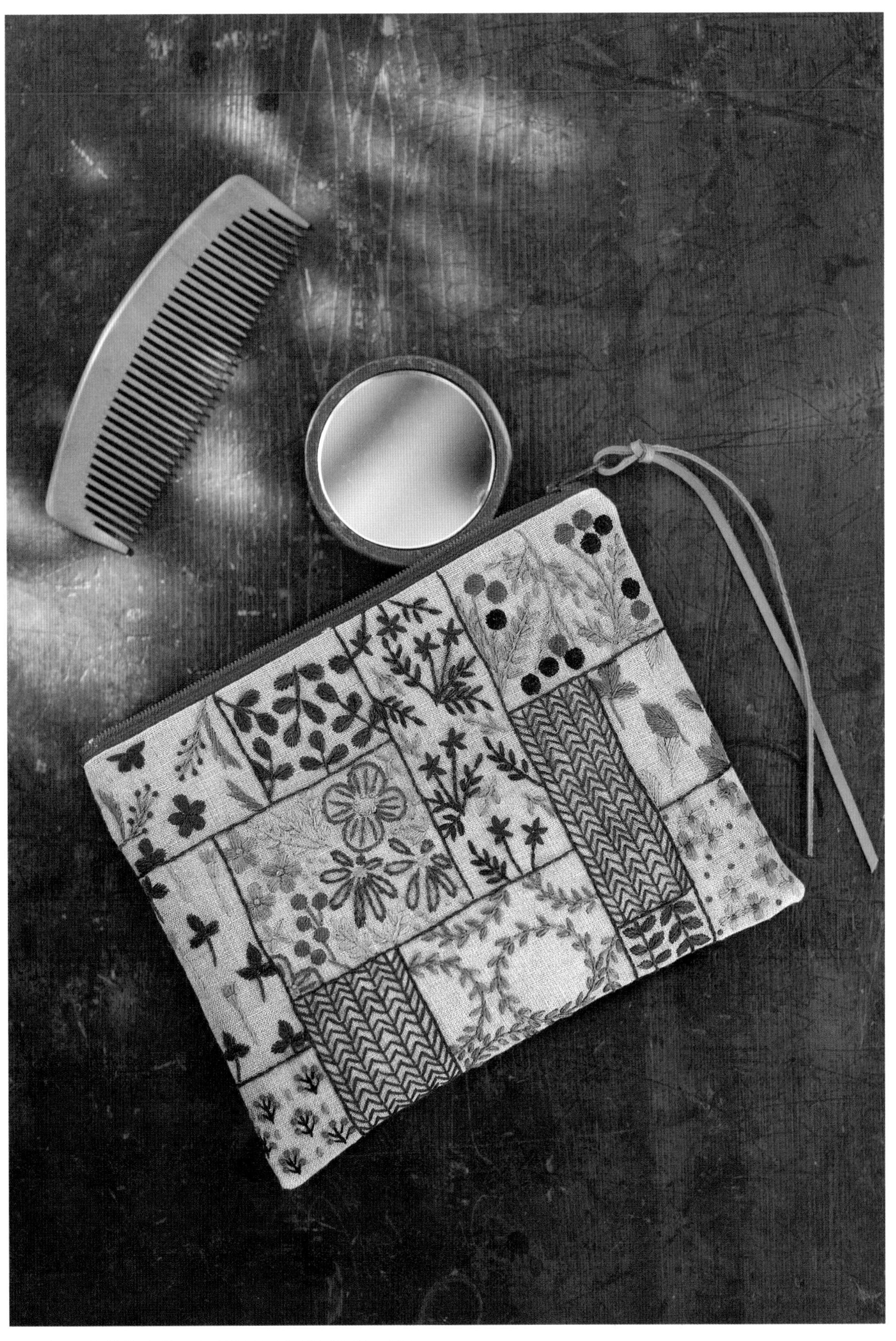

パッチワーク刺繡のポーチ ［実物大図案 p.75 ／作り方 p.99］

ヘキサゴン模様のポーチ [実物大図案 p.76 ／作り方 p.99]

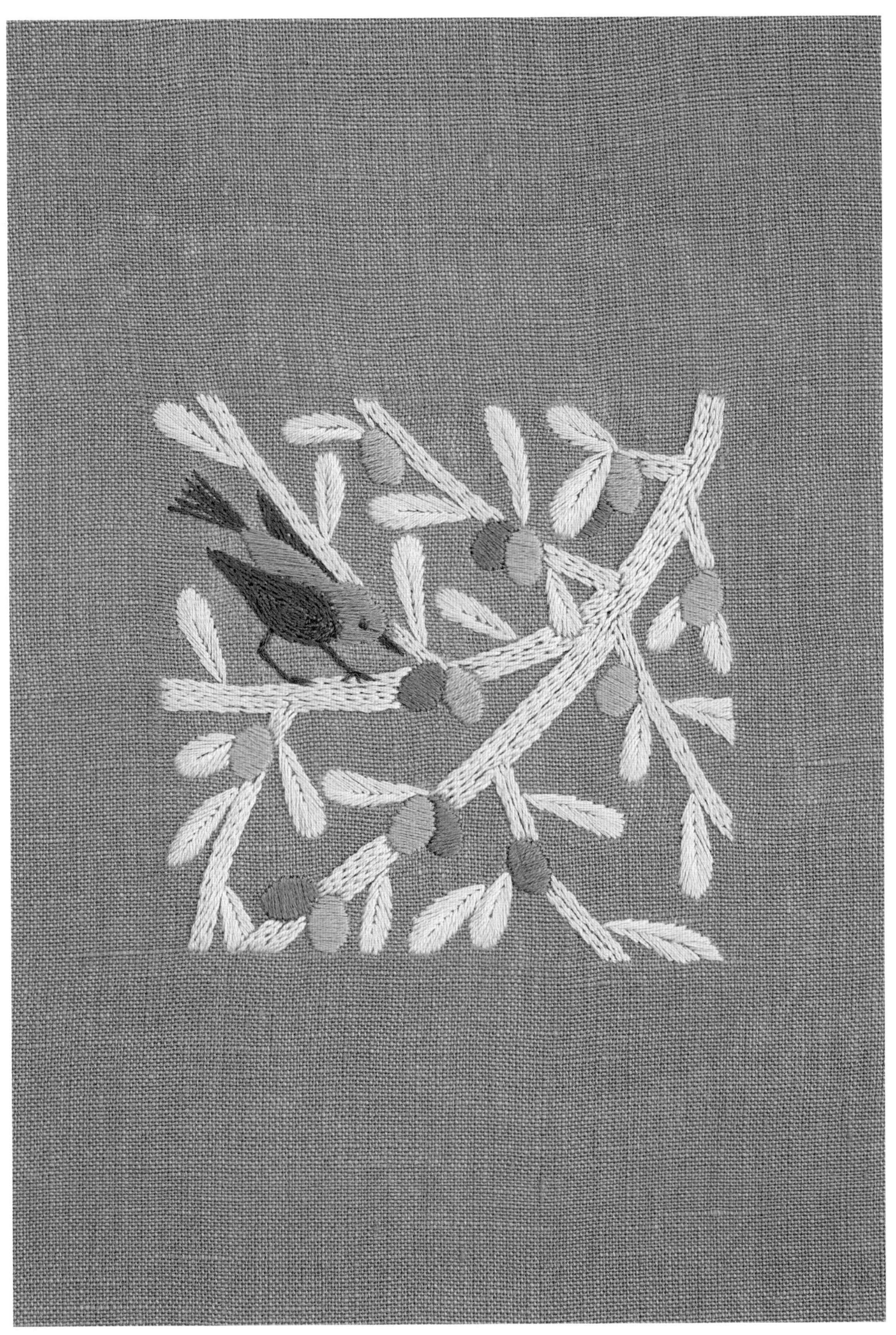

オリーブと小鳥 ［実物大図案 p.77］

10
October

読書の旅のお伴には

子どもの頃に住んでいた家の庭に金木犀（きんもくせい）の木がありました。
花の時季になると、地面に落ちたオレンジ色の小さな花を
無心に拾い集めたものです。
秋の澄んだ空気、拾い集めたときに嗅いだ土の匂い……。
香りというものは、言葉より鮮やかに
その頃の景色を脳裏によみがえらせてくれます。

咲き始めた真っ赤な曼珠沙華（まんじゅしゃげ）、キバナコスモスの花畑。
銀杏（いちょう）の葉は色づくのを待ちわびるかのように、
さわさわと揺れています。
季節は着実に変わり始めました。

10月に入ると、ふと思い出すのは「読書週間」です。
私の誕生日を含むこの週間には、昔からずっと親しみを覚えてきました。
大した読書家でもないのですが、心に残る本はいくつかあります。

中学生の頃は武者小路実篤の小説や星新一のSFにハマりました。
司馬遼太郎の『竜馬がゆく』に熱中したのは高校時代。
日本史の授業で先生が黒板に書いた「坂本竜馬」の文字に
なぜかドキドキしてしまったのを覚えています。

本というのは不思議です。
ページをめくるごとに、笑ったり、泣いたり、感動したり、
新しい知識を得たり、深く考えさせられたり……。
そうして心に残ったものは、
いつの間にか自分の血肉になっているような気がします。

最近は忙しさにかまけて、
じっくり一冊の本を読むことが少なくなりました。
読書の気持ちを盛り上げるためにも、10月はブックカバーを作ろう。
秋らしい草花を丁寧に刺繍して。

お気に入りの本に刺繍のブックカバーをかけて、
読書の旅へ出かけましょう。

WILD FLOWERS Margaret Wilson
THE COUNTRY DIARY HERBAL

草花刺繍のブックカバー ［ 実物大図案 p.78 ／作り方 p.100 ］

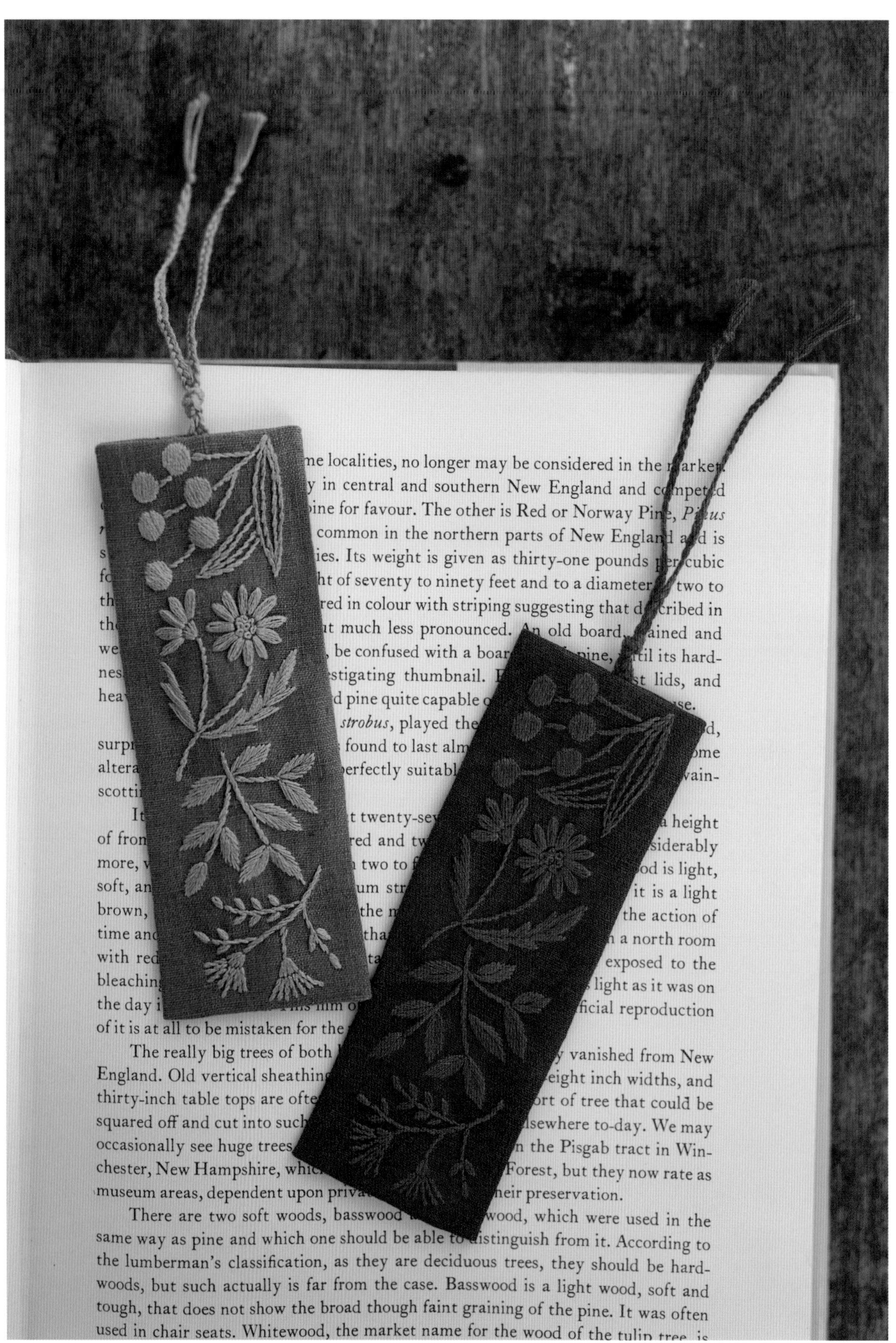

localities, no longer may be considered in the
in central and southern New England and
pine for favour. The other is Red or Norway
common in the northern parts of New
Its weight is given as thirty-one pounds
of seventy to ninety feet and to a diameter
in colour with striping suggesting that
much less pronounced.
be confused with a
thumbnail.
pine quite capable
strobus, played the
found to last
perfectly suitable
twenty-
a height
red and
considerably
two to
is light,
it is a light
the action of
a north room
exposed to the
light as it was on
reproduction
of it is at all to be mistaken for the
The really big trees of both
vanished from New
England. Old vertical sheathing
inch widths, and
thirty-inch table tops are
of tree that could be
squared off and cut into such
elsewhere to-day. We may
occasionally see huge trees
the Pisgah tract in Win-
chester, New Hampshire,
Forest, but they now rate as
museum areas, dependent upon
their preservation.
There are two soft woods, basswood
which were used in the
same way as pine and which one should be able
distinguish from it. According to
the lumberman's classification, as they are deciduous trees, they should be hard-
woods, but such actually is far from the case. Basswood is a light wood, soft and
tough, that does not show the broad though faint graining of the pine. It was often
used in chair seats. Whitewood, the market name for the wood of the tulip tree, is

草花刺繍のしおり　青緑（A）／ピンク（B）［実物大図案 p.79／作り方 p.100］

どんぐりと小鳥 ［実物大図案 p.80］

11
November

晩秋の美しさを縫い留める

色づき始めた木々の葉たち。
晩秋の澄んだ青空には、赤や黄色のグラデーションがよく映えます。

ハナミズキの赤く染まった葉は、
日の光に照らされてステンドグラスのよう。
日陰に入ると、葉のシルエットが鮮やかな遠景に映し出されて、
細やかなレース模様のように見えます。

冬がやってきて命の休息のときを迎えるその前に、
こんなにも美しい季節が用意されているなんて、
いつもながら自然を司る神様の芸術に心が満たされます。

落ち葉が散る頃のこと。
まだ小さかった子どもたちと一緒に、色とりどりの葉を集めて
貼り絵を作ったことがあります。

当時を思い出し、きれいな葉を拾い集めてみました。
ついでにカサつきの椎(しい)の実やサネカズラの赤い実も。
並べてみると、その色合いの美しいこと！

11月はこの葉を主役にして、図案を作ろう。
スケッチするうちに、葉の形や色を生かして、
リースの図案にしようと思い立ちました。
そういえば楕円形の刺繍枠があったから、それにはめてみよう。
こんな風にして作品が決まりました。

まず枠の形に沿ってガイドラインを描き、
スケッチした秋の葉を配置して図案を作ります。
間には椎の実や色鮮やかな実も入れて。

楕円の刺繍枠にはめて、そっと部屋の片隅に飾りました。
晩秋のほんの短い美しい季節を、
縫い留めるようにして作った秋の葉のリース。
部屋にいながらも、自然の移ろいに心馳せることができますように。

秋の葉のリース ［実物大図案 p.81］

実りの季節 ［ 実物大図案 p.82 ］

ドライフラワー ［実物大図案 p.83］

12
December

山茶花の咲く頃に

これからいよいよ寒い季節に向かっていこうとするそのとき、
ふんわりと優しい紅色の花を咲かせる木があります。
山茶花（さざんか）です。

公園の片隅にひっそりと咲くその花は、
初冬の日差しに照らされて、満開のときを迎えていました。

この花が咲き出すと、いつも不思議な思いになるのです。
暖かくなる春に花が咲き出すのはわかるけれど、
これから寒くなるときをわざわざ選んで、
こんなに美しい花を咲かせるなんて。

山茶花の花の命は短く、
すっかり開いてしまうと、すぐにはらはらと散り始めます。
地面に散ったその様子も美しい。

美しいけれど、どこかはかなげで、赤いのに派手な感じはない。
そんなところが春ではなく、この季節の花なのかも知れません。

この山茶花に想いを馳せて、
クリスマスのオーナメントを作ることにしました。
冬ならではの温かみのあるウール糸を使って。

まずは公園で見た紅色の山茶花を。
そしてライトブルーやグレイの花も。実際にはない色ですが、
全体のバランスを考えて、こんな風に色を変えることもあります。

少し大人っぽさを出したくて
赤をたくさんではなく、ポイント的に使ってみました。
ほかにもポインセチアや針葉樹の葉など、冬のモチーフも入れて。

10個作って並べたら、もみの木のようになりました。

毎年ツリーを飾りつけてクリスマスをお祝いしていた我が家も、
子どもたちの成長とともに飾る機会が減っていきました。
このオーナメントを壁に飾って
少し華やかにクリスマスを迎えましょう。

ウール刺繡のオーナメント（A〜J）
［実物大図案 p.84, 85／作り方 p.101］

祝福のリース ［ 実物大図案 p.86 ］

冬の木立 [実物大図案 p.87]

1
January

思いがけない「出会い」

冬のある日、
久しぶりに画材屋さんに立ち寄ったときのことです。
店先に小さな額が無造作に並べられていました。

デコラティブなその額は、大きな額の端材で作ったものだそう。
確かにちょっとアンバランスだけれど、それがかわいくもあり、
装飾的な凹凸が刺繍と似合うような……。
気づいたら４つほど抱えてレジに向かっていました。

普段は「素朴」や「シンプル」が好きと自覚している私ですが、
こんなデコラティブな額を手に入れて喜んでいるなんて。
でも、思いがけない「出会い」があるからこそ、
新しい創作意欲も湧いてくるのでしょう。

画材屋さんで見た瞬間から、
「これは冬の白い花だな」と思っていた薄水色の額。

新年最初は、この額に入れる作品を作ることにしました。
額の色に合わせて、生地の色はブルーグレイ。
白い花は、冬にも美しく咲くプリムラをモチーフに。
背景には生地と同系色の楕円の水玉を刺します。

額の模様と刺繍の立体感が呼応するような
ユニークな作品ができ上がりました。

同じ図案で小さな巾着ポーチも。
額の作品と色を反転させて、白地に水色の糸です。

同じ図案をいろいろなところに刺せるのは、刺繍の楽しさのひとつ。
想像力を膨らませれば、可能性は無限に広がっていきます。

２つの作品を並べてみると、同じ図案なのに、
巾着ポーチは、お澄まし顔の額とは違う風情。
面白いものです。

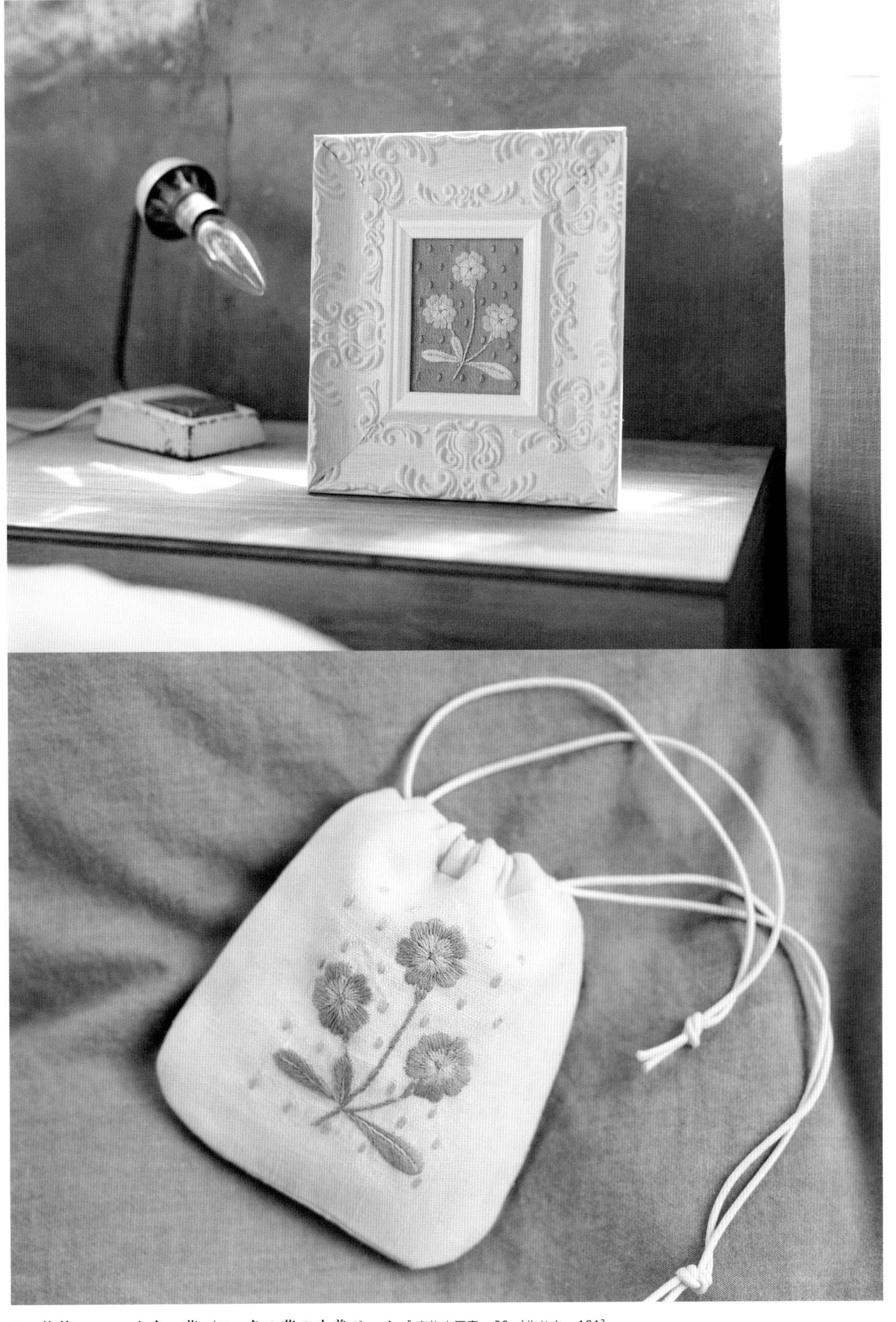

上：装飾フレームと白い花／下：冬の花の巾着ポーチ［実物大図案 p.88／作り方 p.101］

冬のブーケ ［ 実物大図案 p.89 ］

雪華模様 [実物大図案 p.90]

2
February

「心の力」を取り戻せたら

2月は一年のうちでもいちばん寒い季節。
曇天の公園の木々は色を失って、まるでモノクロームの世界です。

優れた手工芸が有名な北欧の国々では、
真冬に「極夜（きょくや）」と呼ばれる太陽がほとんど昇らない時季があるといいます。
そんな暗く冷たい季節を少しでも明るく過ごすために、
手工芸が発達したのだというのです。

厳しい状況の中でも、心を明るく保って、新しいものを生み出す。
これは人間ならではの心の素晴らしさではないでしょうか。
「心の力」とでもいうべき、想像力というか、空想力というか。

息子が小学生の頃、
本の読み聞かせのボランティアに参加していました。
朝の始業前15分間、子どもたちの前で絵本や童話を読むのですが、
私はこの時間が大好きでした。

ゾウが買い物に行ったり、ワニが床屋に来たりと、
現実ではあり得ない設定にも、
子どもたちはいとも簡単にお話の世界に飛び込みます。

この読み聞かせからの帰り道は、
いつも心がホカホカに温まっていました。そうして、
何かから解放されたような、自由な気持ちになったものです。

あの子どもたちの心の力、
一瞬でも取り戻せたらなあと思うのです。それこそが、
どんなときにも明るく豊かに生きることにつながる気がして。

そんなことを思い、「空想植物」を刺繍することにしました。

小さな子どもが「ガッシャーン」とか
「シュッシュ」とか言いながら無心で絵を描いている。
そんな思いで図案を描きましたが、
まだまだ子どもにはかなわないような気がします。

空想植物の小さなバッグ ［実物大図案 p.91 ／作り方 p.103］

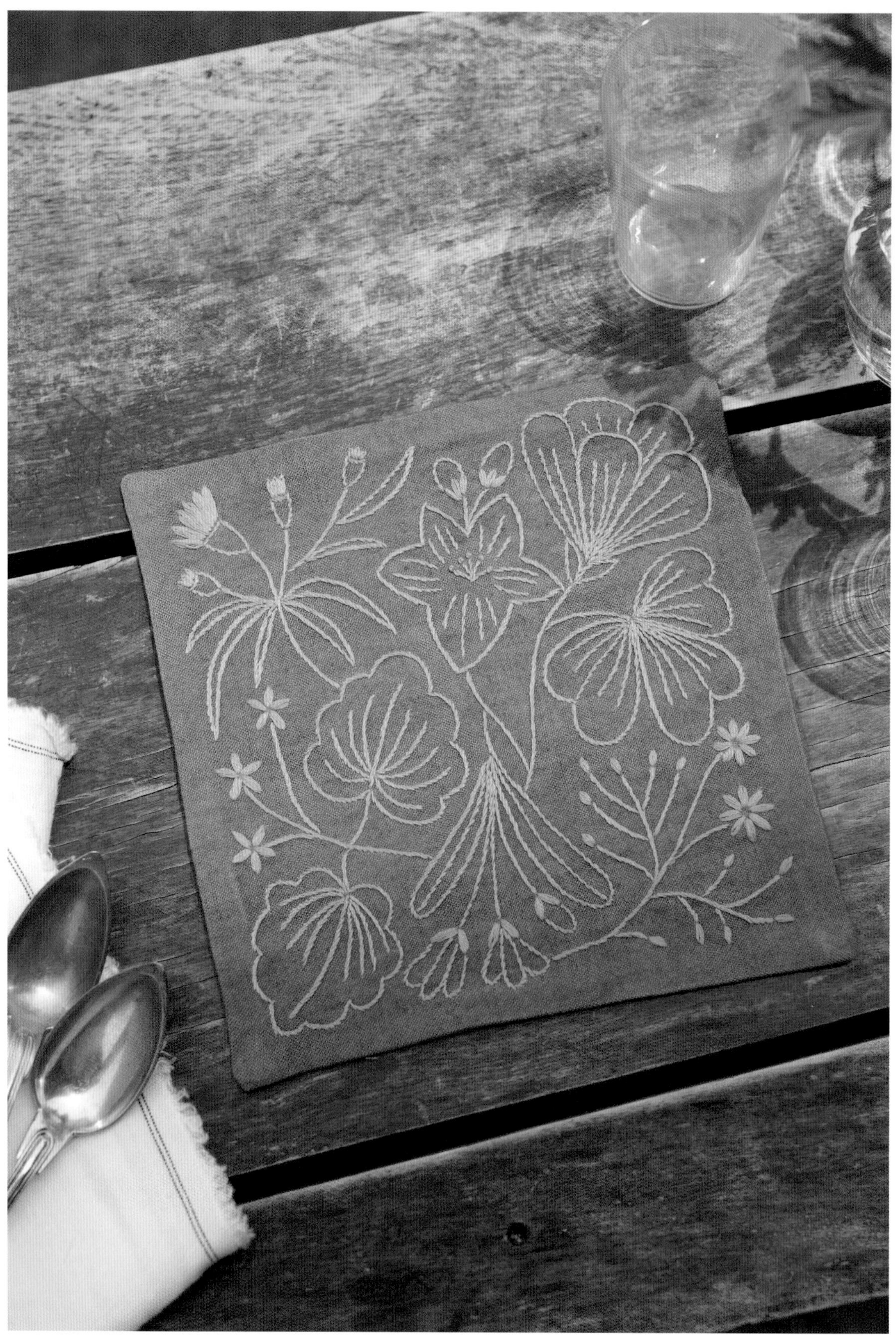

花待ちのプレイスマット ［実物大図案 p.92／作り方 p.99］

水仙［実物大図案 p.93］

3
March

針仕事に敬意と感謝を込めて

少し暖かくなったと思ったら、また寒さに逆戻り、
春はなかなかすんなりとやって来てくれません。
こんな日が続くからこそ、
ますます春爛漫の日を待ち焦がれる思いになります。

さて３月は何を作りましょう。アイデアがまとまらないときは、
生地を引っ張り出して、触ってみることから始めます。

シャリ感のあるリネンの感触を確かめ、
味わいのある色を眺めているだけで楽しい気分になります。
そんなとき、やっぱり私は生地が好きだなあと思うのです。

幼い頃、母に連れられて初めて生地屋さんに行ったときのこと。
店内の棚には、反物になってきれいに巻かれた生地が
びっしりと詰まっていました。
針を持ったこともなく、何か作れるわけでもないのに、
その反物が欲しくてたまらなくなったのです。

今、私が刺繍を仕事にしているのは、あの生地屋さんに行ったときの、
訳のわからない興奮する気持ちから始まっている気がします。

針仕事は、今や私の生活に切っても切れないものとなり、
大いに楽しませてもらい、助けられてきました。
そんな針仕事に敬意と感謝を込めて、ピンクッションを作ることにしました。

まだ春浅い空気をまとったような、淡い色のリネンと糸で、
春を待ちわびる気持ちを、抑えた色味の草花で表します。

ピンクッションに詰めるのは、純毛のわた。
純毛は適度に脂を含み、針をサビから守ってくれます。
日頃お世話になっている針が少しでも気持ちいいように。

お気に入りのピンクッションで、
針仕事がますます心楽しい時間になることでしょう。

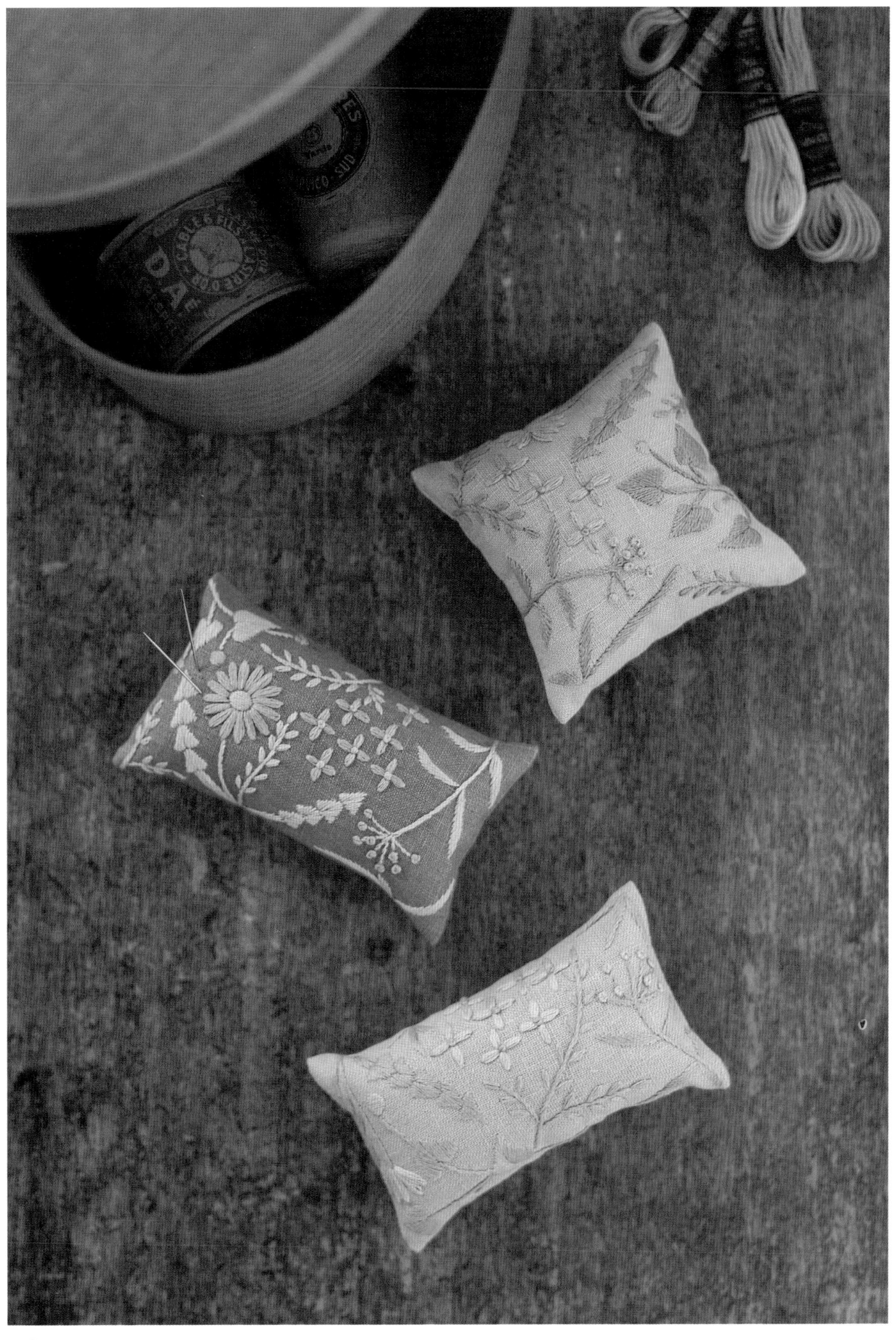

早春色のピンクッション（A ～ C）［実物大図案 p.94 ／作り方 p.102］

春一番のマチつきポーチ ［実物大図案 p.95／作り方 p.102］

たんぽぽが咲く頃 ［実物大図案 p.96］

作品づくりのアイデアノート

季節の中で感じること、考えること それが形になるまで

Story.1 ｜ 刺繍図案のインスピレーション

道端の草花、公園の木々。日々の暮らしの中で出会う植物が、刺繍図案のインスピレーションの源です。心を動かされた花や草木に出会うと写真を撮って、あとでそれを見ながらスケッチをしています。

スケッチに使っているのは1冊のクロッキー帳。このスケッチは、草花の形をよく理解するためのステップ。実際に描いてみることで、頭だけでなく手にも形が伝わるような気がします。

このスケッチノートを元に刺繍図案が生まれることが多いのですが、ほとんどの場合、特定の植物ではありません。花びらの重なりや鋭角に伸びた葉など、造形そのものに惹かれるので、そのさまざまな形を組み合わせて図案を作っていきます。こんな形の葉があるんだとか、花びらはこれにしようとか、植物の形のストックとして重宝しています。

バッグなどに仕立てるときは、刺繍部分を考えて枠をとり、その中にどうバランスよく描いていくかを考えます。このバランスがとても大切で、少しの茎の長さや空間の空き具合で、何だか落ち着かない感じになってしまうのです。ステッチも考えながら何度か描き直し、最終的にライトテーブルに置いて清書して図案ができ上がります。

Story.2 ｜ 植物を図案にするときのヒント

9月の作品「パッチワーク刺繍のポーチ」で、図案の参考にと引っ張り出してきたのは、以前集めていたリバティプリントの生地です。

ご存知の方も多いと思いますが、リバティプリントとはロンドンの老舗デパート、リバティが100年以上前から作っているプリント生地のことです。柔らかで光沢のあるタナローンのコットンにさまざまなプリントが施された美しい生地たち。なかでも植物柄は、伝統的なものから新しいものまでどれも素晴らしく、伸びやかに描かれた草花柄、かわいい色づかいの小花柄、リズミカルな連続模様など、心惹かれるものが多いのです。

私の手元にあるものは、娘たちの洋服づくりに熱中していた頃に少しずつ集めたもの。今でもときどき引っ張り出してきては、色づかいや構図の参考にすることがあります。今回のパッチワーク柄でも色づかいの参考にしました。

リバティプリントの花柄の特徴のひとつが、奥行きのある色づかい。同じ花びらや実でも、奥まっているところと前面に出ているところなどで微妙に色の濃淡を変えています。それらが模様に奥行きを与え、花々が一層生き生きとして見えるのです。そんなところを少しでも刺繍に取り入れられないかと、同じモチーフでも色の濃淡をつけたり、前面に出る色や奥まって見える色などを考えたりしながら配色してみました。

Story.3 ｜ 作品の印象を決める色選び・糸選び

図案が浮かぶと同時に色のイメージが湧き上がってくることもあるのですが、ほとんどの場合は、これも試行錯誤しながらの時間がかかる作業です。

7月の「ハーブ刺繍のひもつきポーチ」は、自然な感じが出るようにベージュの生地を選びましたが、糸はハーブの爽やかさが感じられるように少し強めのブルーグリーンを選びました。アクセントにはその強さに負けない濃いめのピンクを。一方、「ハーブ刺繍のサンプラー」は、明るいクリーム色の生地をまず選び、この明るさを生かすような黄緑の糸をメインにしてフレッシュな感じに。この雰囲気を生かすように同系の山吹色をアクセントにしました。

どちらも「ハーブらしさ」を大切にした色合わせですが、色合いによって雰囲気が変わるのも刺繍の面白いところです。

CHESTNUT SUNDAY

色選びで迷ってしまったとき、解決策としてひとつの方法をご紹介しましょう。これは美大出身の友人に教わったものです。

自分の好きな画集や雑誌などを開き、直感でいいなと思った絵や写真をじーっと眺めます。そして自分がなぜそれに惹かれるのか、形なのか色なのか、色の場合はその絵（写真）は何色で構成されているのかを考えます。それを色鉛筆などの画材を使ってスケッチブックなどに抜き出していくのです。そうすると普段自分の使わない色が入っていたり、「このグレイが入っているからピンクが引き立つのだな」などということがわかったりします。

そして今度はそれを普段使っている刺繍糸に置き換えてみます。刺繍を始めた最初の頃は、この糸を厚紙に貼りつけた配色表を何パターンも作っていました。

Story.4 ｜ 好きなモチーフ「実」のこと

植物の形の中でも「実」というのは命のかたまりのようで、何だかとても心惹かれます。秋になると、何気ない植え込みにも、よく見ると実がついているものもあり、思わずニンマリしてしまいます。

そんなこともあり、刺繍のモチーフにも何かしらの実を取り入れることが多いのです。図案を作るとき、花や葉だけでも美しいのですが、そこに実が加わることによって、画面にリズムというか緩急が生まれるような気がします。それで、とがった葉や可憐な花びらと合わせて、ときにはところどころに忍ばせるように、ときにはつぶつぶ感が出るようにまとめて……など、全体のバランスを考えながら実を配置していきます。

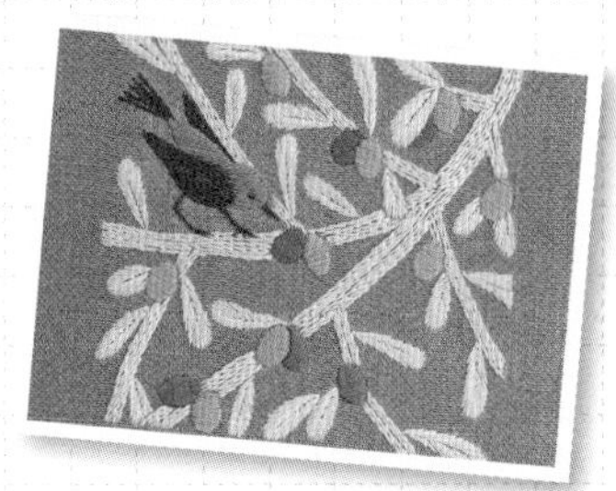

実に使うステッチは、そのツヤ感を出すためにサテン・ステッチを使うことが多いのですが、ベリー類のように見せたいときはフレンチ・ノットで刺し埋めることも。

どちらも大切なのは、しっかり丸みを帯びた立体感のある仕上がりにすること。少しでもゆがんでしまうと、気に入らなくて刺し直し、ということも多々あります。

2
3
1

糸のこと、布のこと

1 25 番刺繍糸
最もスタンダードで手に入りやすい糸で、色数が豊富にそろう。6 本よりで 1 束の長さは約 8m。木綿糸なのに適度な光沢があり、糸の本数を変えられるのがよい。この本ではオリムパス 25 番刺しゅう糸を使用。

2 ウール糸
温かみを表現したいときに。この本で使用したアップルトン社のクルウェルウールは、太すぎず、細すぎず、適度な刺し心地でふくらみのあるステッチが刺せる。注意点は、ウールという特性上、摩擦に弱いので、長くても 70cm ほどに切って使うことと、フランス刺繍針ではなく、シェニール針（リボン刺繍用針）を使うこと。

3 布
この本ではすべてリネン（麻 100%）を使用。リネン特有の適度な張りは、刺繍糸がきれいに乗り、針通りもなめらかに。素朴さと高級感を併せ持つ風合いも魅力。

［刺繍糸のまとめ方］

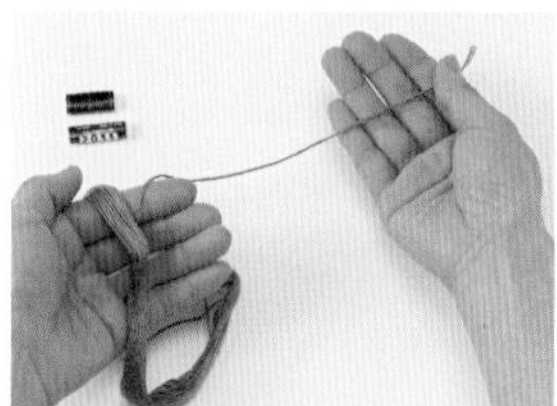

❶ 刺繍糸のラベルを外し、刺繍糸の輪を手にかけ、糸端を引き出す。色番号が書かれたラベルは取っておく。

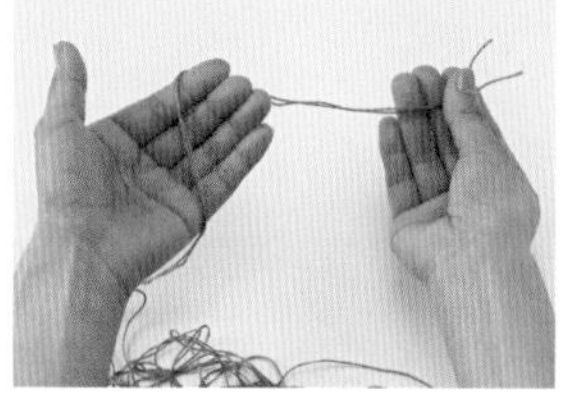

❷ 糸をすべて引き出したら、両端をそろえて二つ折りにし、もう一度、二つ折りにする（2m になる）。

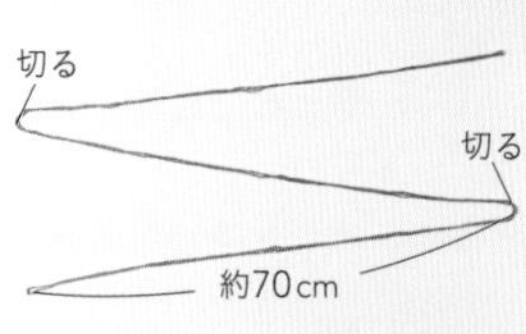
切る
切る
約70cm

❸ さらに三つ折りにして 2 か所を切る。これで 1 本が約 70cm になり、刺繍しやすい長さになる。

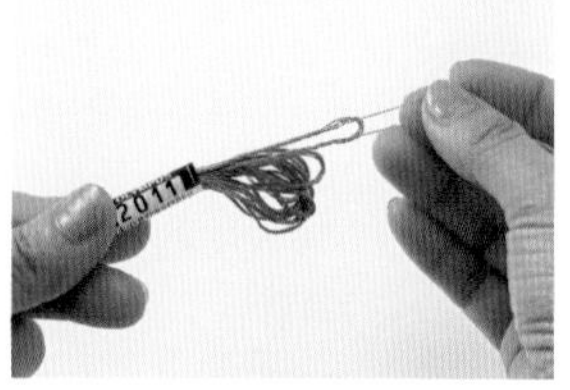
2011

❹ 切った刺繍糸をまとめて二つ折りにし、ラベルに通す。必要本数分を 1 本ずつ引き出して使う。＊2 本どり、3 本どりで使うときも 1 本ずつ引き出すと、糸と糸の間に空気が入り、ふんわりとした仕上がりになる。

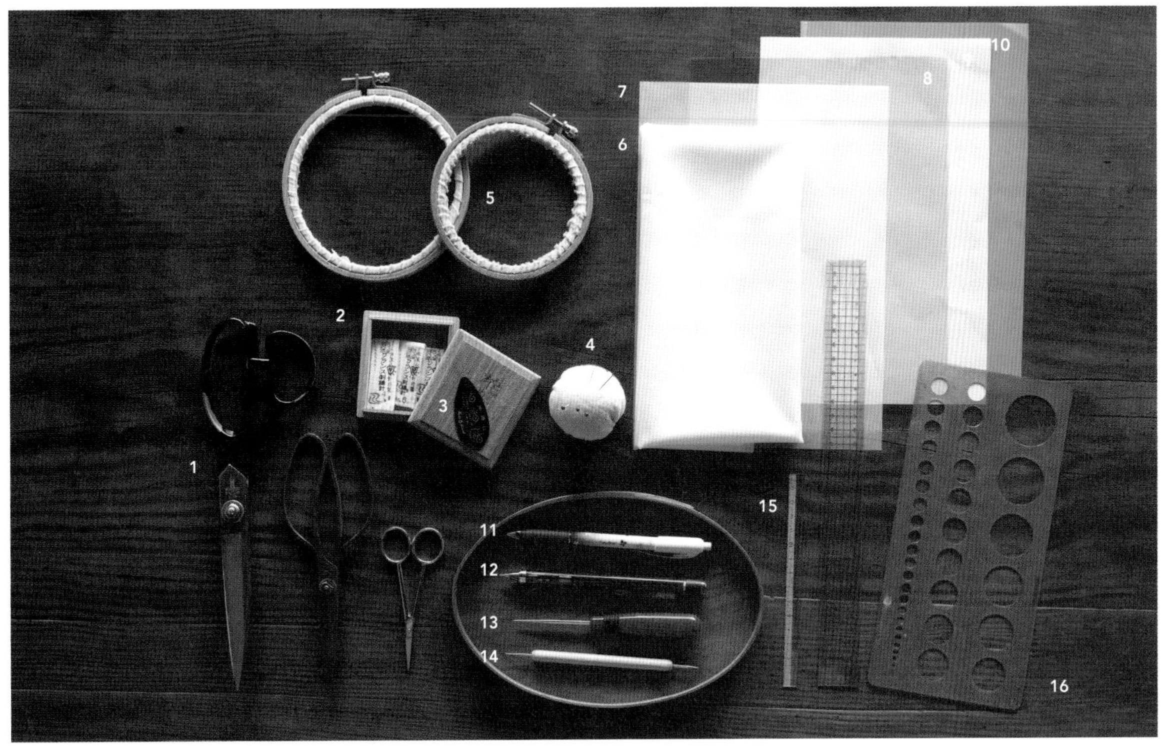
1
2
3
4
5
6
7
8
10
11
12
13
14
15
16

そろえておきたい道具

1 はさみ
布を切るための裁ちばさみ、糸を切るときの糸切りばさみを用意。中くらいの大きさのはさみもあると、細かいところを切るときに便利。

2 刺繍針
先端のとがったフランス刺繍針を使う。25番刺繍糸の本数に合わせて針の号数を変えるとよい。1～2本どりはNo.7、3本どりはNo.6、4～5本どりはNo.5、6本どりはNo.4を使用。

3 糸通し（スレダー）
刺繍糸を針に通すときに使うと便利。

4 まち針
布に図案を写すときや、仕立てる際の仮どめに使う。

5 刺繍枠
直径10～12cmのサイズが使いやすい。内側の枠に薄い布をバイアスに切って巻いておくと、刺繍布がゆるみにくくなる。

6 接着芯
不織布タイプは刺しているうちに細かい繊維がほぐれて、糸とともに表に出てくることがあるので、織物タイプの接着芯がおすすめ。

7 トレーシングペーパー
図案を写すときに使う。

8 セロファン（OPPシート）
図案を布に写すときに、図案がやぶれるのを防ぐためのシート。

9,10 手芸用複写紙
トレーシングペーパーに写した図案を布に写すときに使う。片面にチャコがついた、水で消えるタイプを用意。薄い色の布には青を、濃い色の布には白を使う。

11 布用シャープペンシル
布に写した図案の薄い部分を描き足すときに便利。水で消える。

12 シャープペンシル
図案をトレーシングペーパーに写すときに使う。

13 目打ち
刺繍布を裁つときに布目をそろえるために使う。

14 トレーサー
手芸用複写紙で図案を布に写すときに使う。

15 定規
15cm、30cmと2種類そろえておくと便利。長いほうはでき上がり線を引くときに、短いほうは刺繍図案に直線が出てきたときに使う。

16 円定規
円形の図案を写すときにあると便利。

［図案の写し方］

セロファン
布（表）
手芸用複写紙
トレーシングペーパー

布とトレーシングペーパーに写した図案とをまち針でとめる。その間に手芸用複写紙をはさみ、いちばん上にセロファンを重ね、トレーサーで図案の線をなぞる。

筆圧弱め
筆圧強め

青い複写紙（上）で写すときは筆圧を弱めに、白い複写紙（下）で写すときは筆圧を強めにするとよい。

刺繍の始め方

[布を準備する]

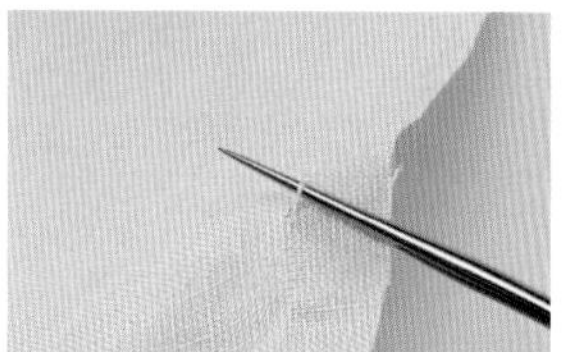

❶ 布のゆがみを整えるため、目打ちで布の織り糸を1本引き出し、抜く。

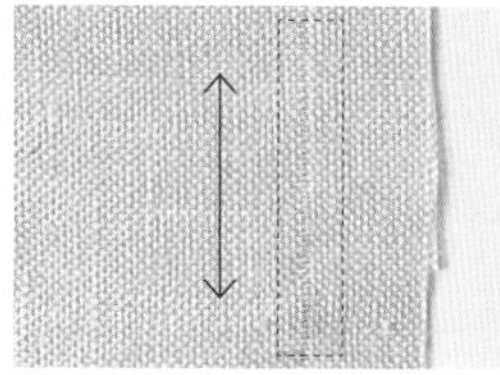

❷ 糸を引き抜いた線が布の織り糸のライン。この線にそろえれば布をまっすぐに裁つことができる。

❸ 糸を抜いた線に沿って、はさみで裁つ。

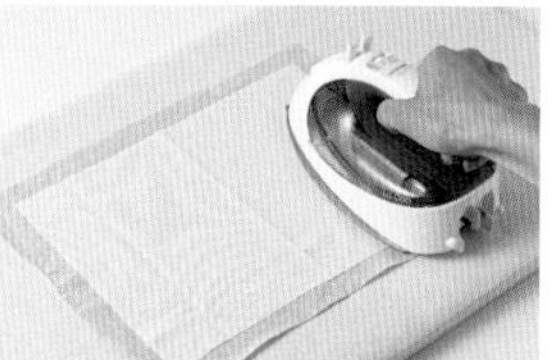

❹ 接着芯は図案よりひとまわり大きく裁ち、のりがついた面（ざらざらした面）を布に当て、上からアイロンをかける。アイロンは滑らせずに、体重をかけてしっかり押しつける。

[刺し始め]

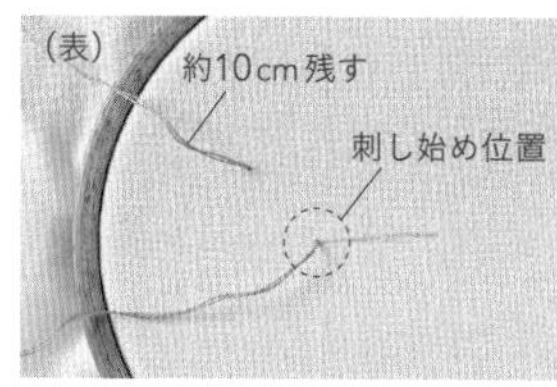
(表)
約10cm残す
刺し始め位置

❶ 図案から少し離れた位置に表から針を入れ、刺し始めの位置に針を出す。糸端は布の表側に10cmくらい残しておく。

[刺し終わり]

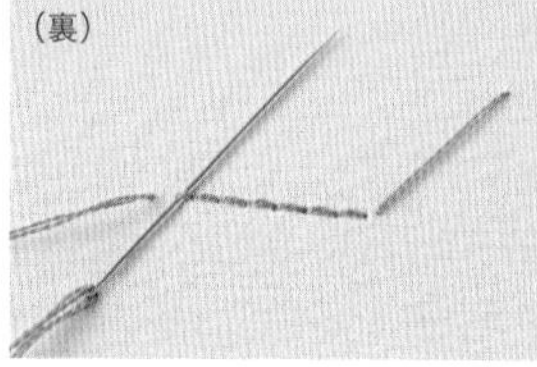
(裏)

❷ 裏側にして、すでに刺した目を針ですくい、2回くらいからめる。このとき布を一緒にすくわないよう気をつける。

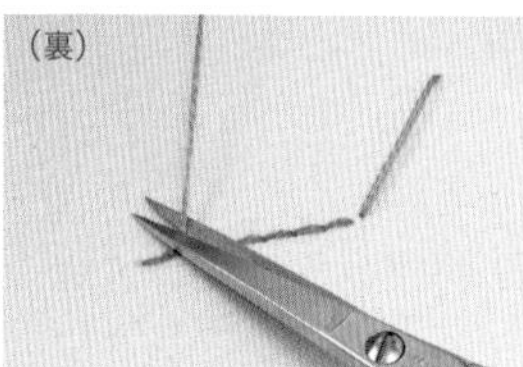
(裏)

❸ 布のきわで糸を切る。

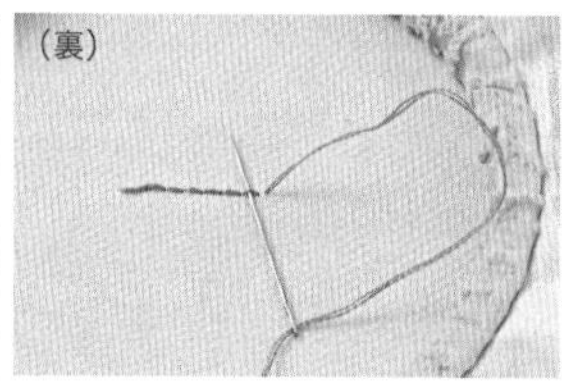
(裏)

❹ 最初に残しておいた糸端を裏側へ引き出して針に通し、❷、❸と同様に糸始末する。

面を刺し埋めるステッチの場合 [刺し始め]

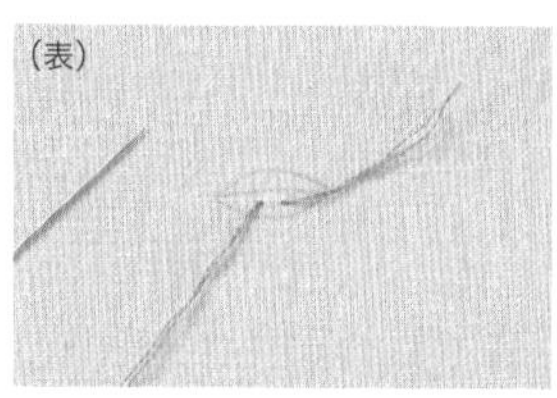
(表)

❶ 布の表側から図案の中に針を入れ、1針すくう。

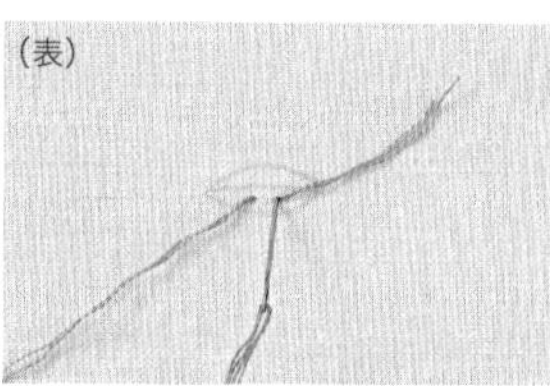
(表)

❷ 返し縫いの要領で糸端の根元に針を入れる。

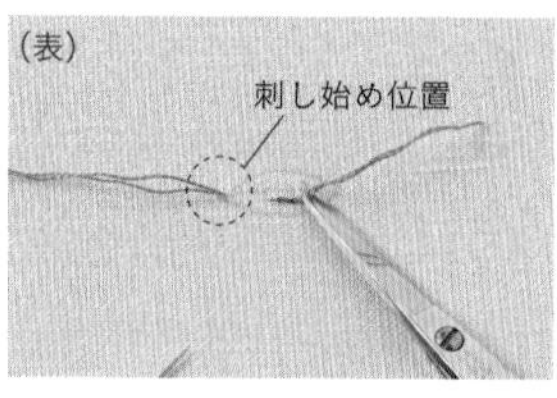
(表)
刺し始め位置

❸ 刺し始めの位置から針を出してから、残った糸端を布のきわで切る。始末した部分は刺し埋めるので見えなくなる。

[刺し終わり]

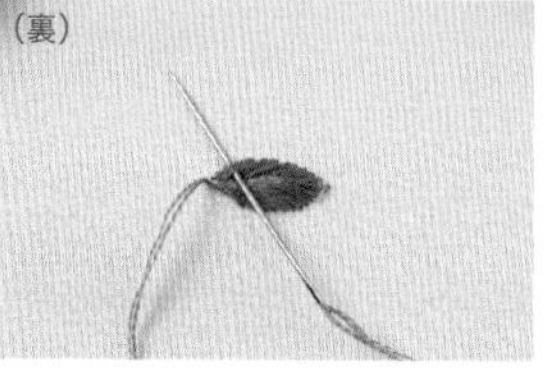
(裏)

❹ 裏に渡った糸を2、3針すくって糸をからめる。

(裏)

❺ 布のきわで糸を切る。

基本のステッチ

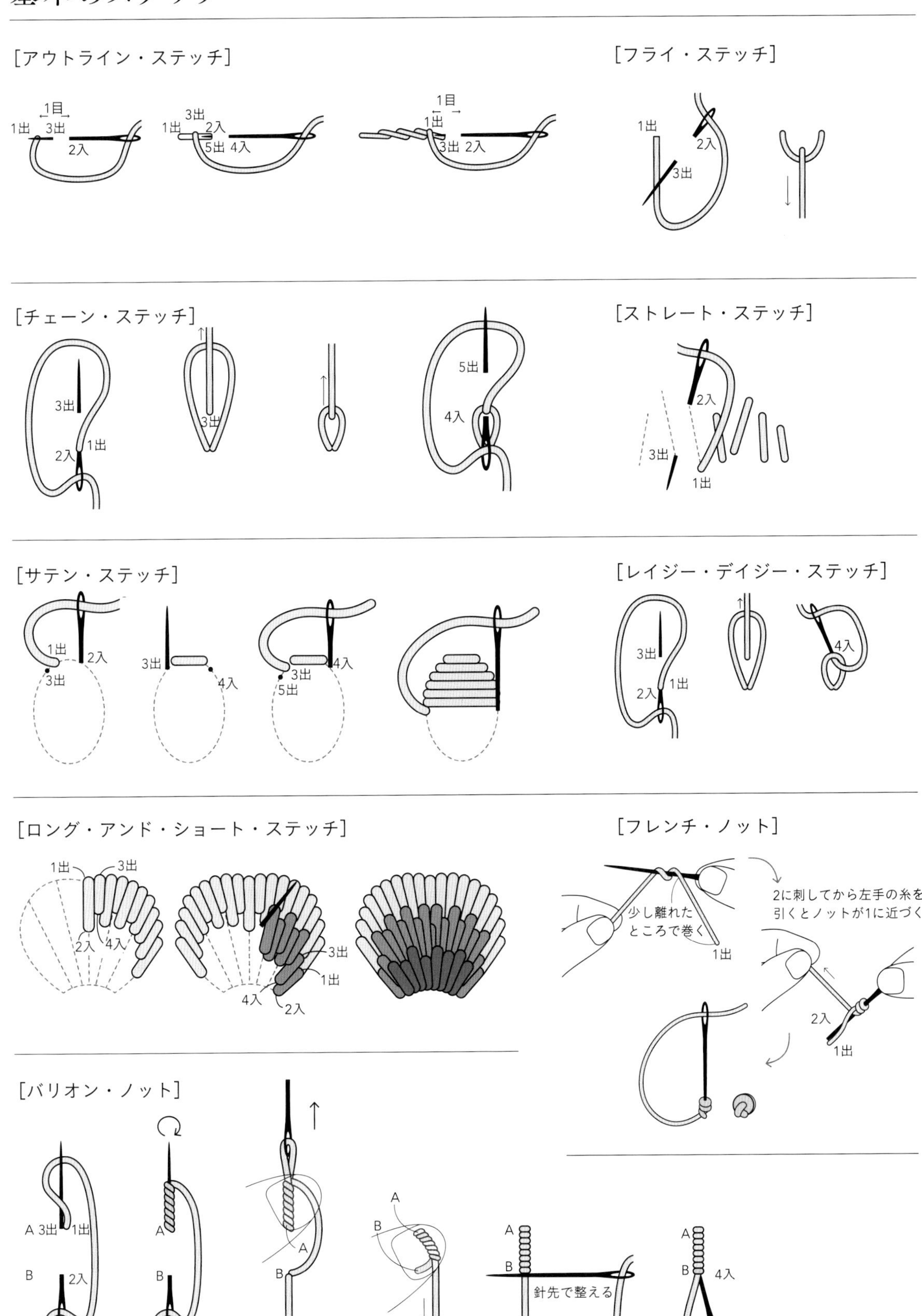

[アウトライン・ステッチ]
1目
1出
3出
2入
3出
1出
2入
5出 4入
1目
1出
3出 2入
[フライ・ステッチ]
1出
2入
3出
[チェーン・ステッチ]
3出
2入
1出
3出
5出
4入
[ストレート・ステッチ]
2入
3出
1出
[サテン・ステッチ]
1出
2入
3出
3出
4入
3出
4入
5出
[レイジー・デイジー・ステッチ]
3出
2入
1出
4入
[ロング・アンド・ショート・ステッチ]
1出
3出
2入
4入
3出
1出
4入
2入
[フレンチ・ノット]
少し離れた
ところで巻く
1出
2に刺してから左手の糸を
引くとノットが1に近づく
2入
1出
[バリオン・ノット]
A 3出
1出
B
2入
A
B
A
B
A
B
A
B
針先で整える
A
B
4入

刺し方のポイント

＊わかりやすいように作品と糸の色を替えているものもあります。

［レイジー・デイジー・ステッチ＋ストレート・ステッチ］ループはピンと、ストレート・ステッチはふんわりと

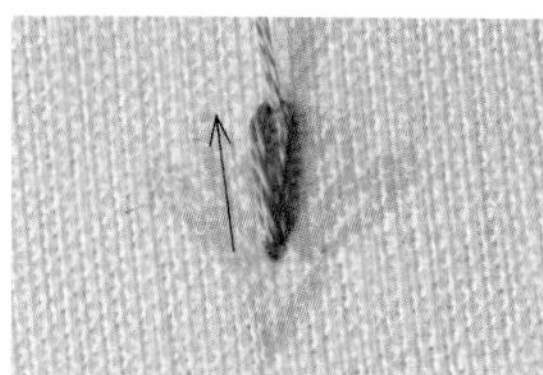

❶ ストレート・ステッチをプラスする場合、レイジー・デイジー・ステッチは土台になるので、ループ部分はふんわりさせずに引っぱっておく。

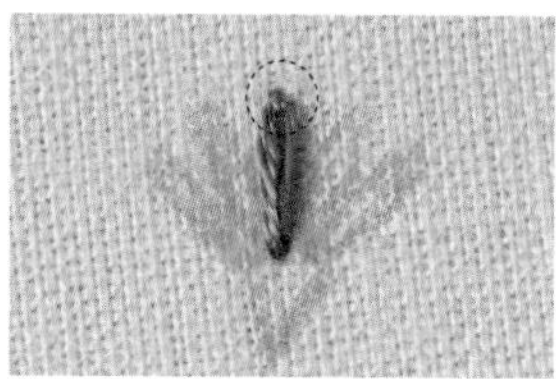

❷ ピンと張った細長いステッチにする。

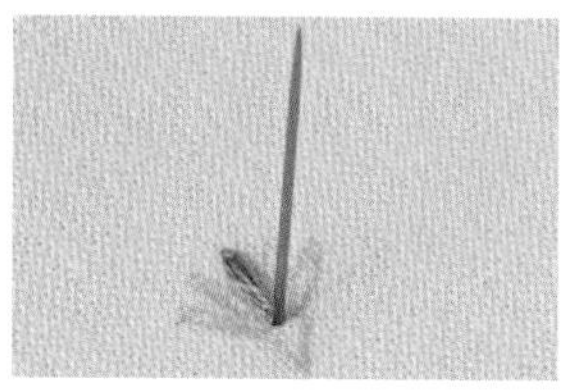

❸ レイジー・デイジー・ステッチの根元から針を出す。

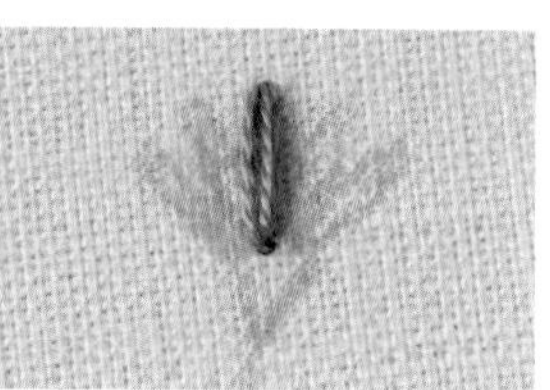

❹ レイジー・デイジー・ステッチの先端に針を入れる。ストレート・ステッチは、糸を引きすぎずにふんわり刺すのがポイント。

［葉っぱのアウトライン・ステッチ］カーブの目幅は狭くして、角まできたら針を引き抜く

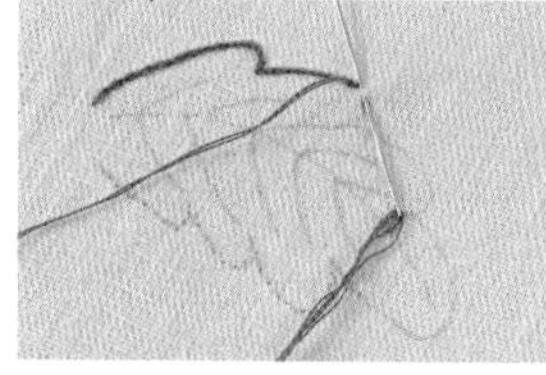

❶ カーブにさしかかったら、ステッチの目幅を狭くする。

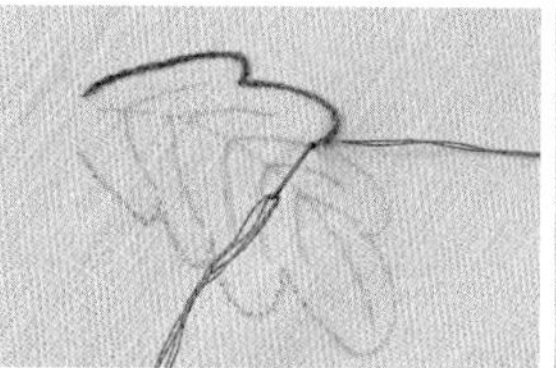

❷ 角まできたら、針を裏側に引き抜く。

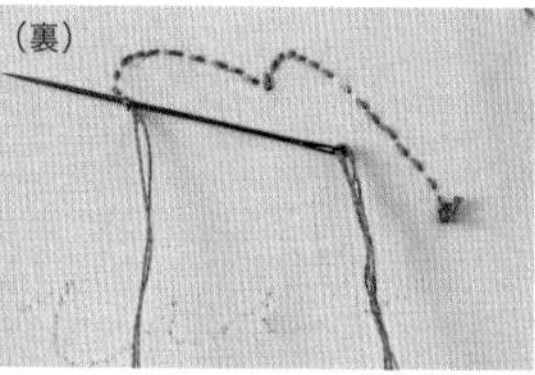
(裏)

❸ 1つ前の針目に戻ってすくう。

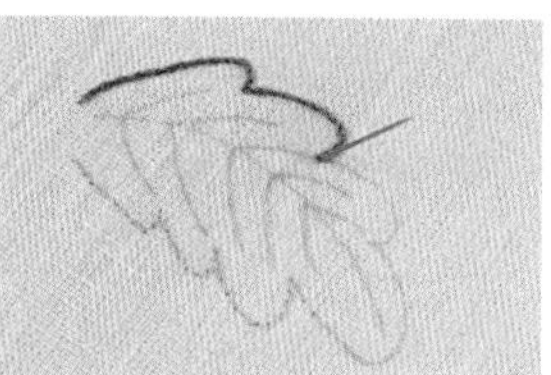

❹ ❷で針を刺した場所から針を出し、葉っぱのラインに沿って続ける。

［アウトライン・ステッチ・フィリング］すき間をあけずに、みっちりと。1周ずつ針を引き抜く

❶ 外側から刺し始め、1周目の最後は、最初の針目の外側に針を入れる。裏側で2、3針糸をすくってから切る。

❷ 2周目は、1周目のステッチに針が触れるくらい近づけ、すき間があかないように刺し進める。

❸ 同じ色で刺し続けるときは、1周終わるごとに裏側に針を引き抜いてから、次の周を始める。

［チェーン・ステッチの刺し埋め］枝をつなげるときは、接したステッチの間から

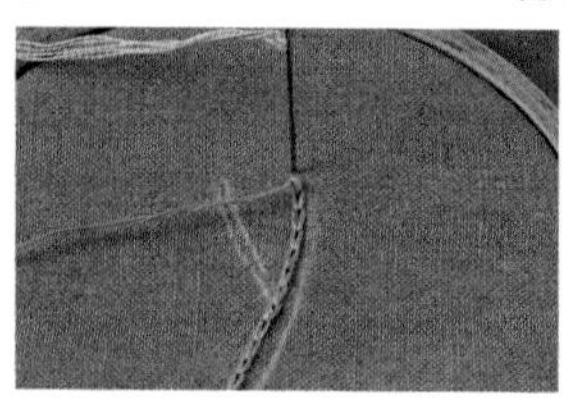

❶ 図案の線に沿ってチェーン・ステッチを始める。

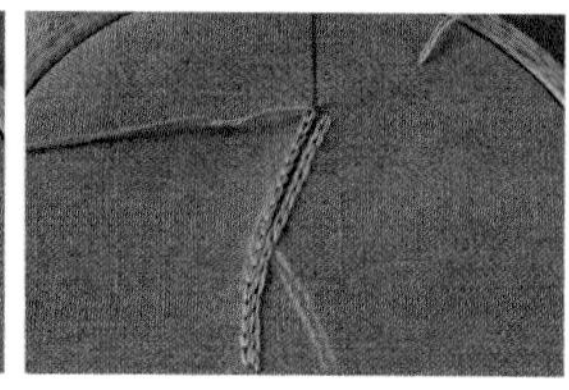

❷ もう1つの輪郭線に沿って刺す。ステッチの方向はそろえずに、往復で刺し戻ってよい。

ステッチの
間から針を出す

❸ 枝をつなげるときは、接したステッチの間（チェーンの真ん中）から針を出すと、ステッチがつながって見える。

[フレンチ・ノット・フィリング] 外側から内側へ向かって刺し埋める

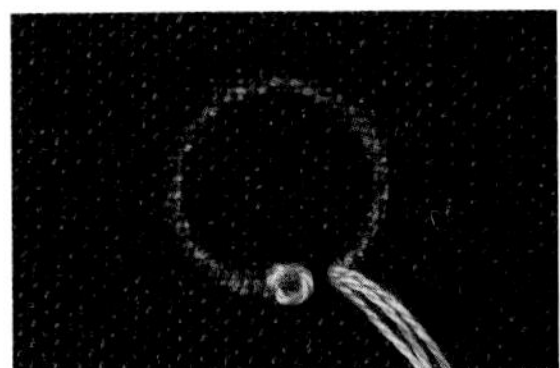

❶ 図案線の内側に針を入れ、フレンチ・ノットを刺す。ノットの大きさ分あけた位置に、次の針を入れる。

❷ つめすぎず、あきすぎず、を意識して1周刺す。くっつきすぎると押されて飛び出してしまうので気をつける。

❸ 1周目が刺せたら、その内側に2周目を刺す。

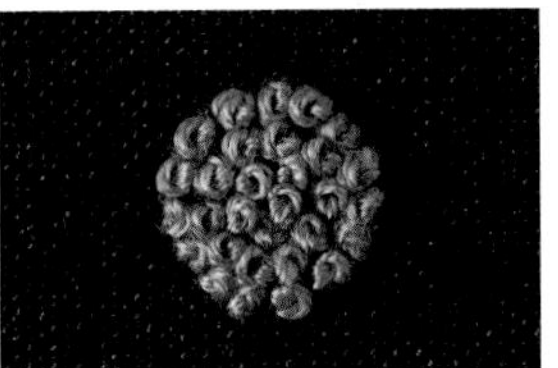

❹ 小さな円を描いていくように、内側を刺し埋める。

[葉っぱのサテン・ステッチ] 最後の最後まで斜めは大胆に

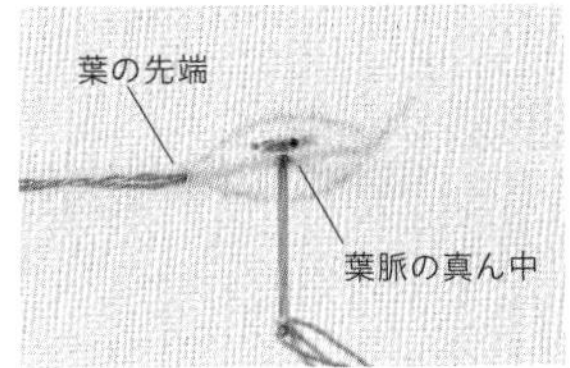
葉の先端
葉脈の真ん中

❶ 葉の先端に針を出し、葉脈の真ん中に針を入れる。

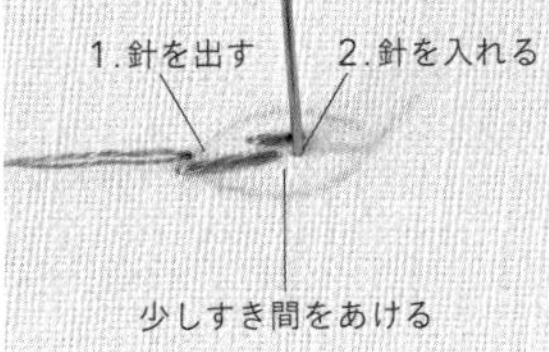
1.針を出す
2.針を入れる
少しすき間をあける

❷ 最初のステッチのきわから図案に沿って針を出し、真ん中に向かって刺すときには、写真のように少しすき間をあける。そうすることで斜めを保つ。

❸ 葉の輪郭線から中心の葉脈へ、大胆に斜めに刺していく。

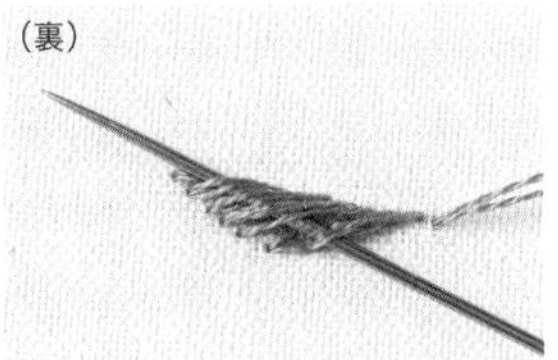
(裏)

❹ 葉っぱの上側を刺し終えたら、布を裏返し、裏に渡った糸の間に針を通して葉っぱの先端に戻る。

❺ 葉っぱの先端のきわに針を出す。

❻ 下半分も同様に刺す。葉っぱの輪郭から葉脈に向かって鋭角に刺すことで、自然界にあるような生き生きとした葉っぱが表現できる。

[ロング・アンド・ショート・ステッチ] 2段目は1段目のショートの下だけに刺す

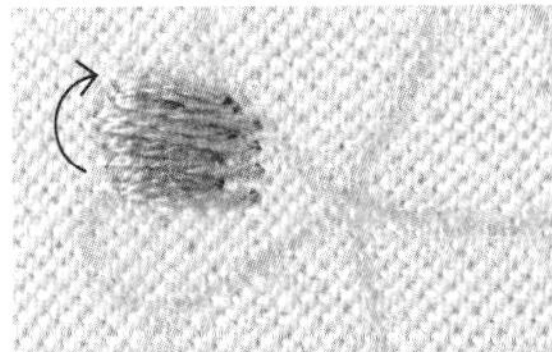

❶ 花びらの中央から外側に向かって刺していく。最初のステッチは長めに、次は短めに、ロングとショートを交互に繰り返す。

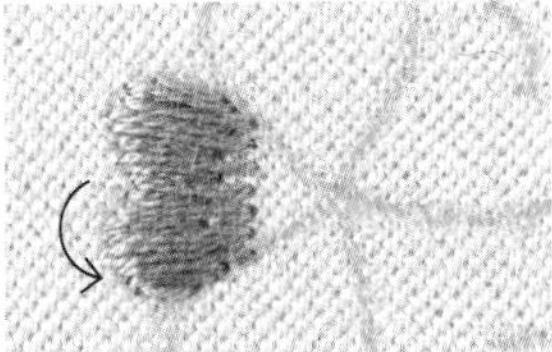

❷ 端まで刺したら、裏に渡った糸の間に針を通して中央に戻り、残り半分も同様に刺し進める。

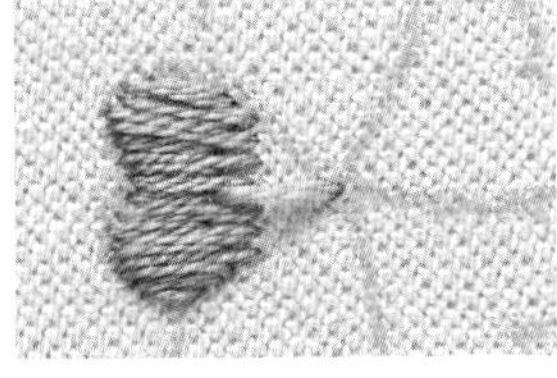

❸ 2段目も花の中央から刺し始める。1段目で短めに刺したステッチのすぐ下から針を出し、花の中央に針を入れる。

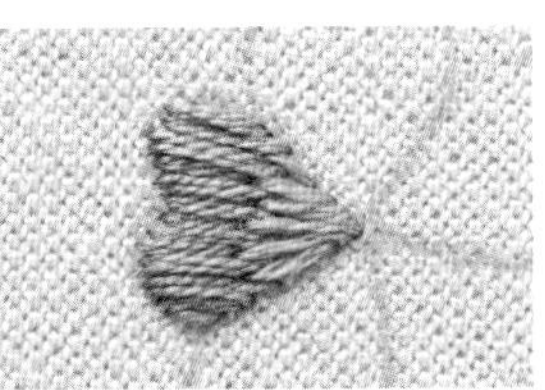

❹ 中央から半分ずつ刺す。1段目に短め（ショート）に刺したステッチのすぐ下からすき間を埋めるように刺す。

4 *April*

小さな春の道草バッグ ［作品 p.4 ／作り方 p.97］

[糸]オリムパス25番刺しゅう糸
黄緑(214)／グリーン(218)／ベージュ(841)／ピンク(165)／あずき色(166)／薄紫(631)／水色(2042)／からし色(2835)／茶色(416)／灰青(3042)

＊指定以外は2本どり　＊( )内の数字は糸の本数　＊フレンチ・ノットは2回巻き
＊花のついている茎はすべてアウトライン・S 218

実物大図案

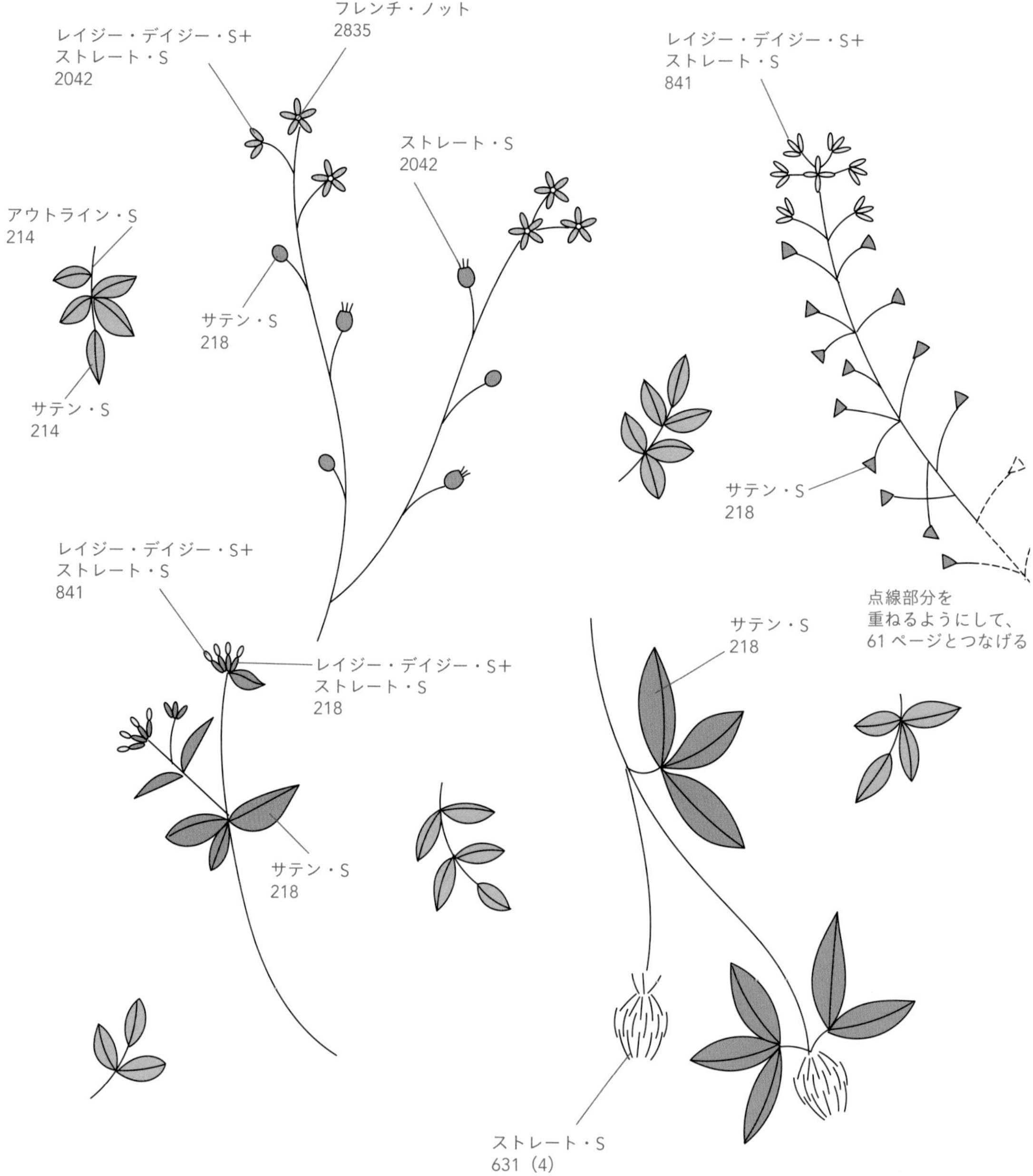

レイジー・デイジー・S+
ストレート・S
2042
フレンチ・ノット
2835
ストレート・S
2042
レイジー・デイジー・S+
ストレート・S
841
アウトライン・S
214
サテン・S
218
サテン・S
214
サテン・S
218
レイジー・デイジー・S+
ストレート・S
841
レイジー・デイジー・S+
ストレート・S
218
サテン・S
218
点線部分を
重ねるようにして、
61 ページとつなげる
サテン・S
218
ストレート・S
631 (4)

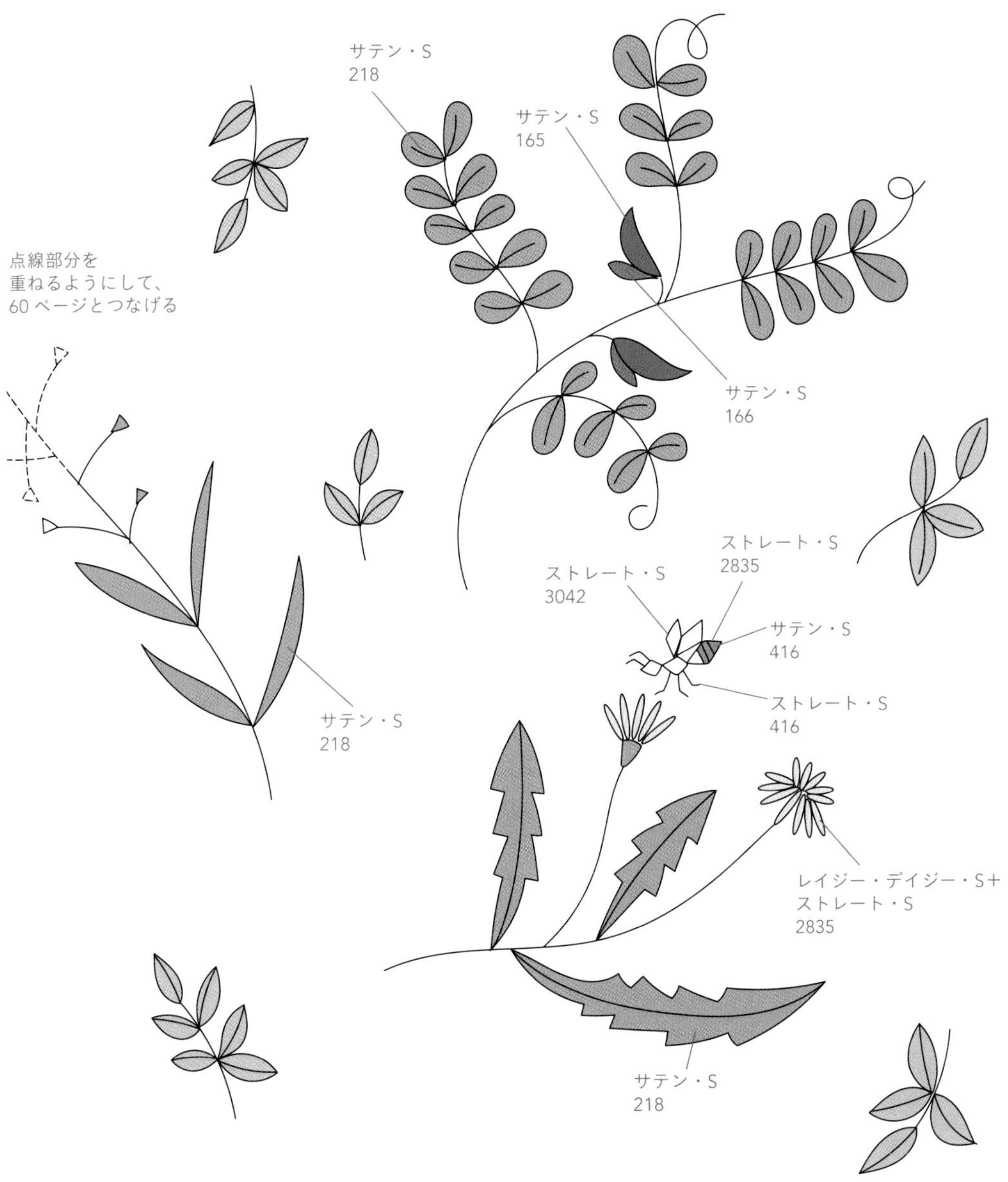
サテン・S
218
サテン・S
165
点線部分を
重ねるようにして、
60 ページとつなげる
サテン・S
166
ストレート・S
2835
ストレート・S
3042
サテン・S
416
サテン・S
218
ストレート・S
416
レイジー・デイジー・S+
ストレート・S
2835
サテン・S
218

4 April

ツバメの季節 ［作品p.6］

［作品p.6］

[糸]オリムパス25番刺しゅう糸
灰青(343)／深緑(205)／オレンジ(712, 755, 785)／からし色(2835)／ベージュ(841)

＊指定以外は2本どり　＊(　)内の数字は糸の本数　＊フレンチ・ノットは2回巻き

実物大図案

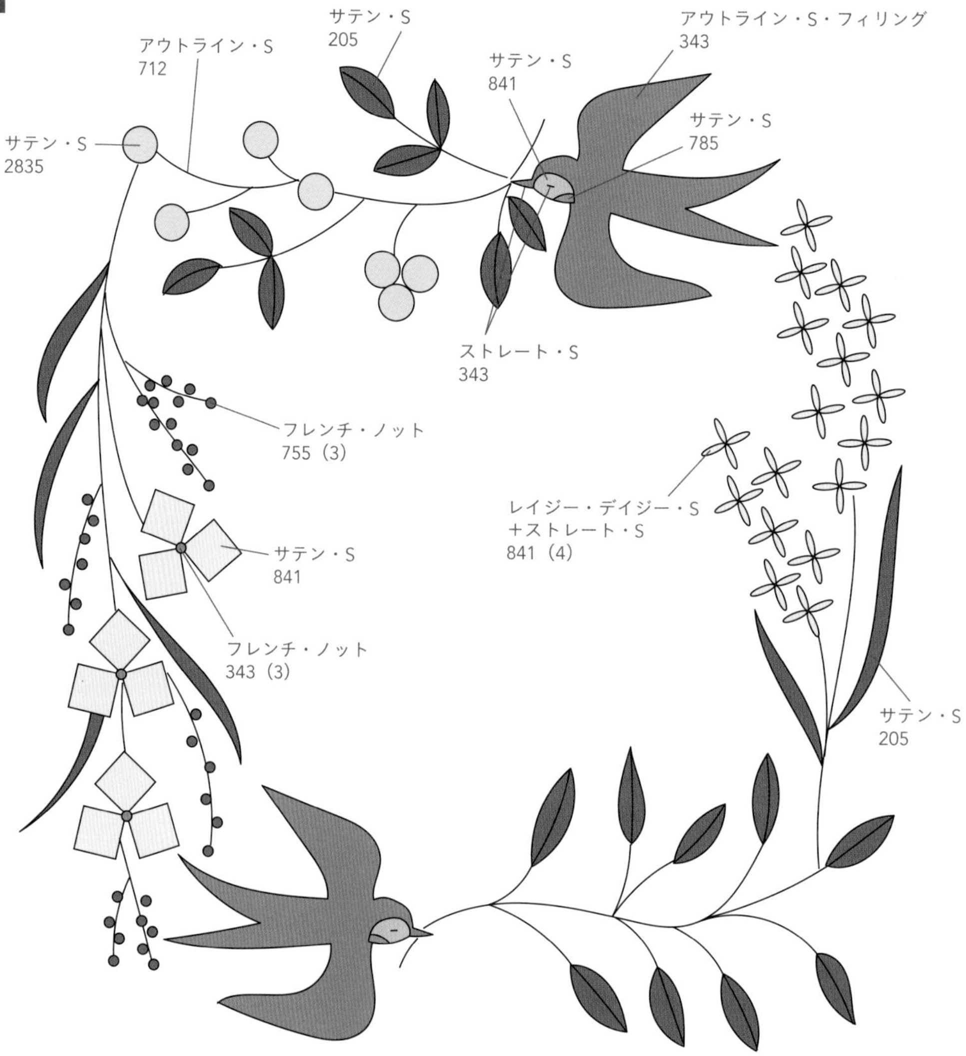

アウトライン・S 712
サテン・S 205
サテン・S 841
アウトライン・S・フィリング 343
サテン・S 785
サテン・S 2835
ストレート・S 343
フレンチ・ノット 755（3）
レイジー・デイジー・S
+ストレート・S
841（4）
サテン・S 841
フレンチ・ノット 343（3）
サテン・S 205

［パネルの仕立て方］

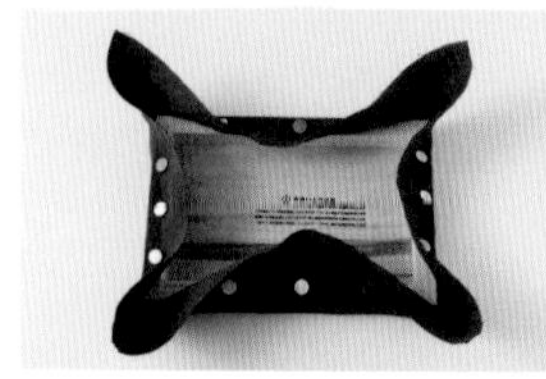

❶ 刺繍面を裏側にしてパネルを重ね、四辺を画鋲で仮どめする。仮どめしたら表に返して刺繍のバランスを確認する。

❷ 四隅をきれいに折り畳み、タッカーでとめる。

❸ 残りの角も同様にとめたら、仮どめした画鋲をはずし、タッカーでとめる。

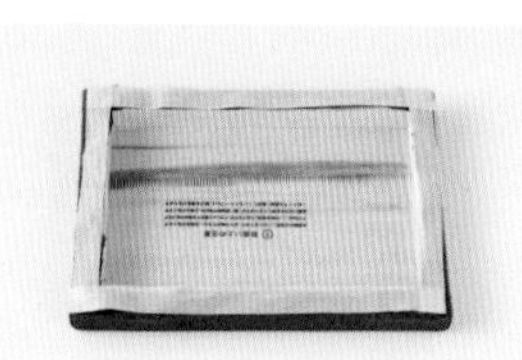

❹ パネルの幅に合わせて布を切りそろえ、保護用にマスキングテープを貼る。

4
April

ヒメジョオン ［作品 p.7］

[糸]オリムパス25番刺しゅう糸
ベージュ(841)／金茶(562)／薄緑(2051)
＊指定以外は3本どり　＊(　)内の数字は糸の本数　＊フレンチ・ノット は2回巻き

実物大図案

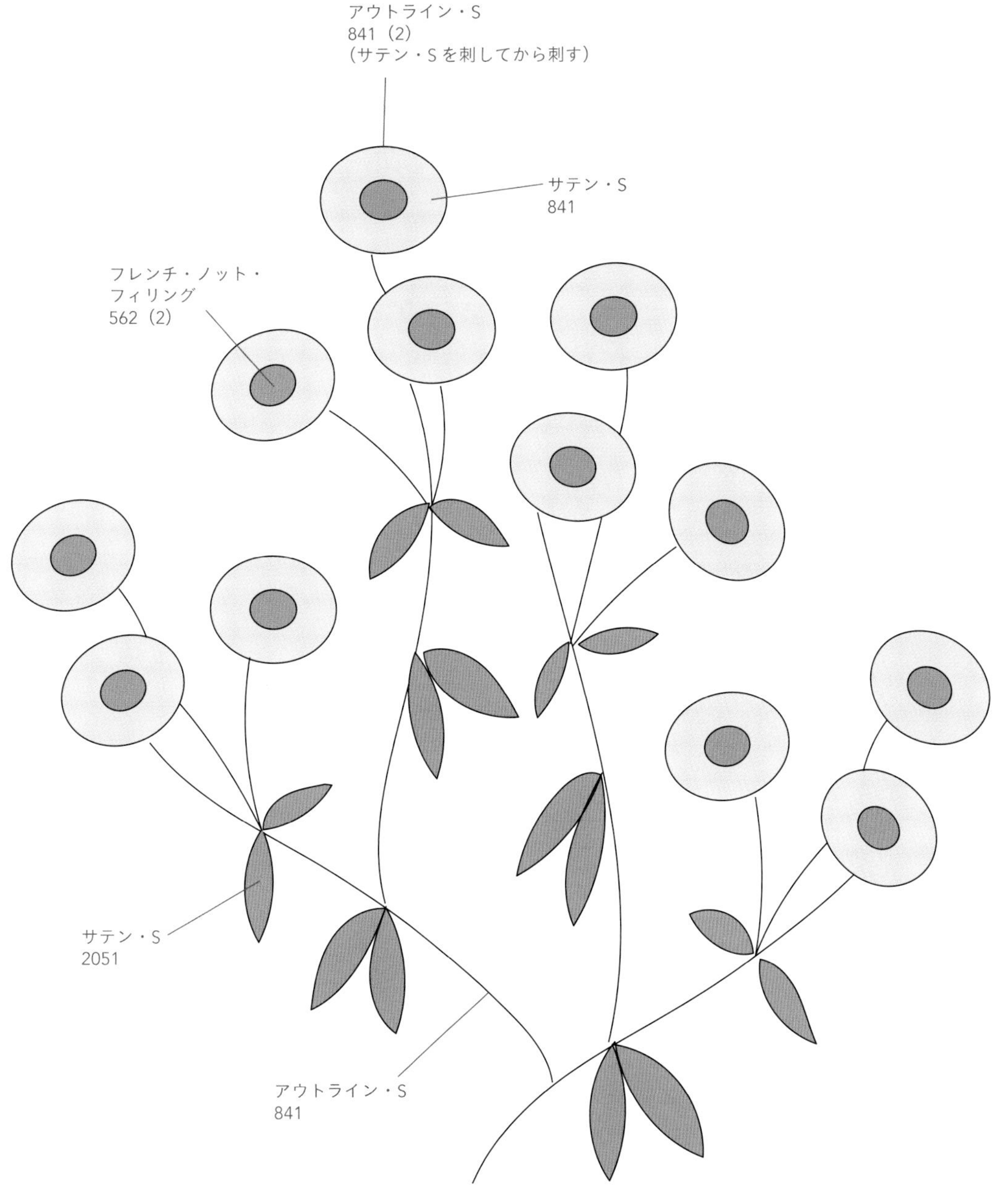
アウトライン・S
841（2）
（サテン・Sを刺してから刺す）
サテン・S
841
フレンチ・ノット・
フィリング
562（2）
サテン・S
2051
アウトライン・S
841

5 *May* 風薫るリース ［作品 p.10］

［糸］オリムパス25番刺しゅう糸
グリーン(216,2023)／オリーブ色(2011,2013)／水色(2042)／ベージュ(841)／黄色(290)

＊指定以外は2本どり　＊(　)内の数字は糸の本数　＊フレンチ・ノットは2回巻き

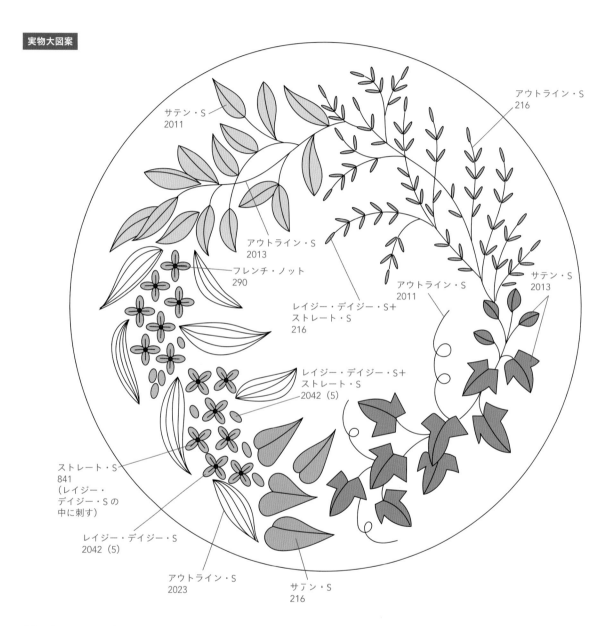

実物大図案

サテン・S
2011

アウトライン・S
216

アウトライン・S
2013

フレンチ・ノット
290

アウトライン・S
2011

サテン・S
2013

レイジー・デイジー・S+
ストレート・S
216

レイジー・デイジー・S+
ストレート・S
2042（5）

ストレート・S
841
（レイジー・
デイジー・Sの
中に刺す）

レイジー・デイジー・S
2042（5）

アウトライン・S
2023

サテン・S
216

［ 刺繍枠へのつけ方 ］

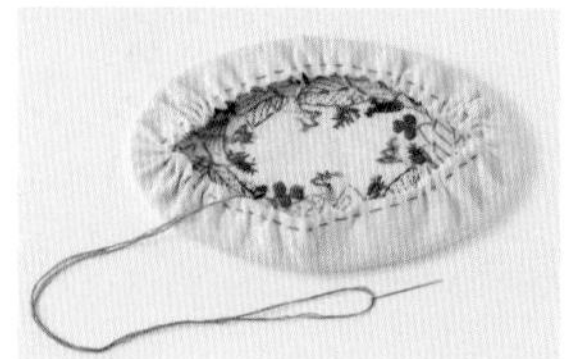

図案の輪郭から3〜4cm外側で布を切る。刺繍糸3本どりで、布端から0.5cmのところをぐし縫いする。内枠を中に入れて糸を引き絞り、大きさを合わせたら、玉どめし、外枠をはめる。

5
May

新緑のカバークロス ［作品 p.8／作り方 p.97］

［糸］オリムパス25番刺しゅう糸
黄緑(214)／からし色(2835)／薄緑(237)／水色(342)

＊指定以外は2本どり　＊(　)内の数字は糸の本数　＊フレンチ・ノットは2回巻き

実物大図案

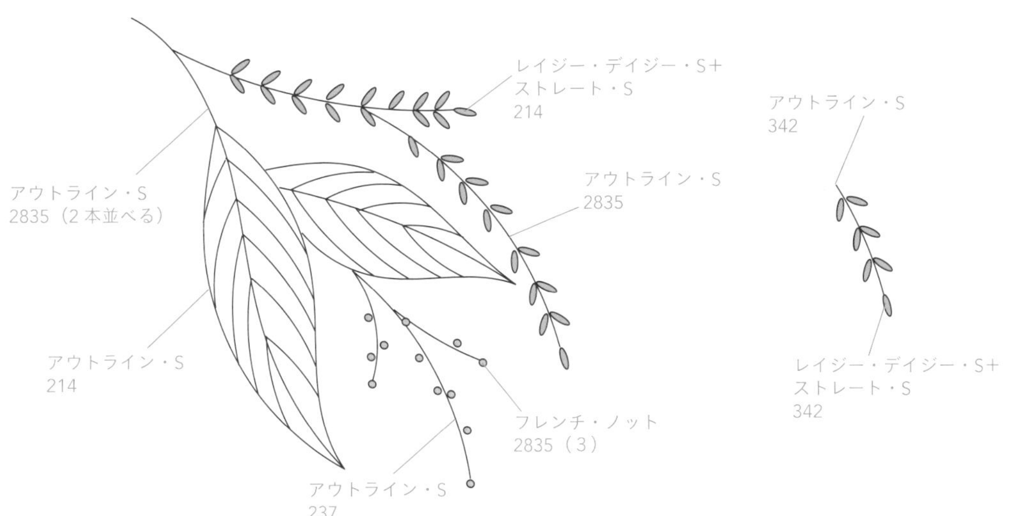

レイジー・デイジー・S＋
ストレート・S
214
アウトライン・S
342
アウトライン・S
2835（2本並べる）
アウトライン・S
2835
アウトライン・S
214
レイジー・デイジー・S＋
ストレート・S
342
フレンチ・ノット
2835（3）
アウトライン・S
237

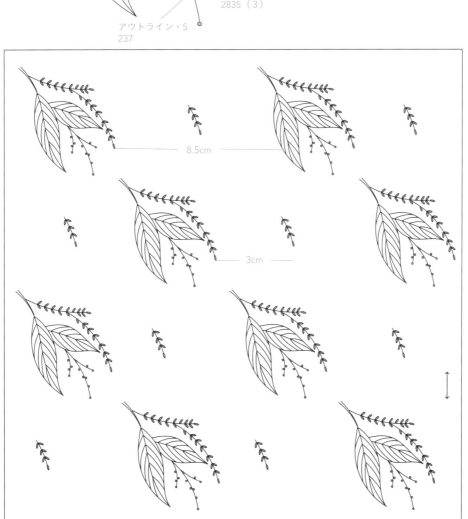

8.5cm

3cm

5
May

葉っぱのアルファベットサンプラー ［作品 p.11］

［糸］オリムパス25番刺しゅう糸
ベージュ(841)

＊(　)内の数字は糸の本数　＊フレンチ・ノットは2回巻き

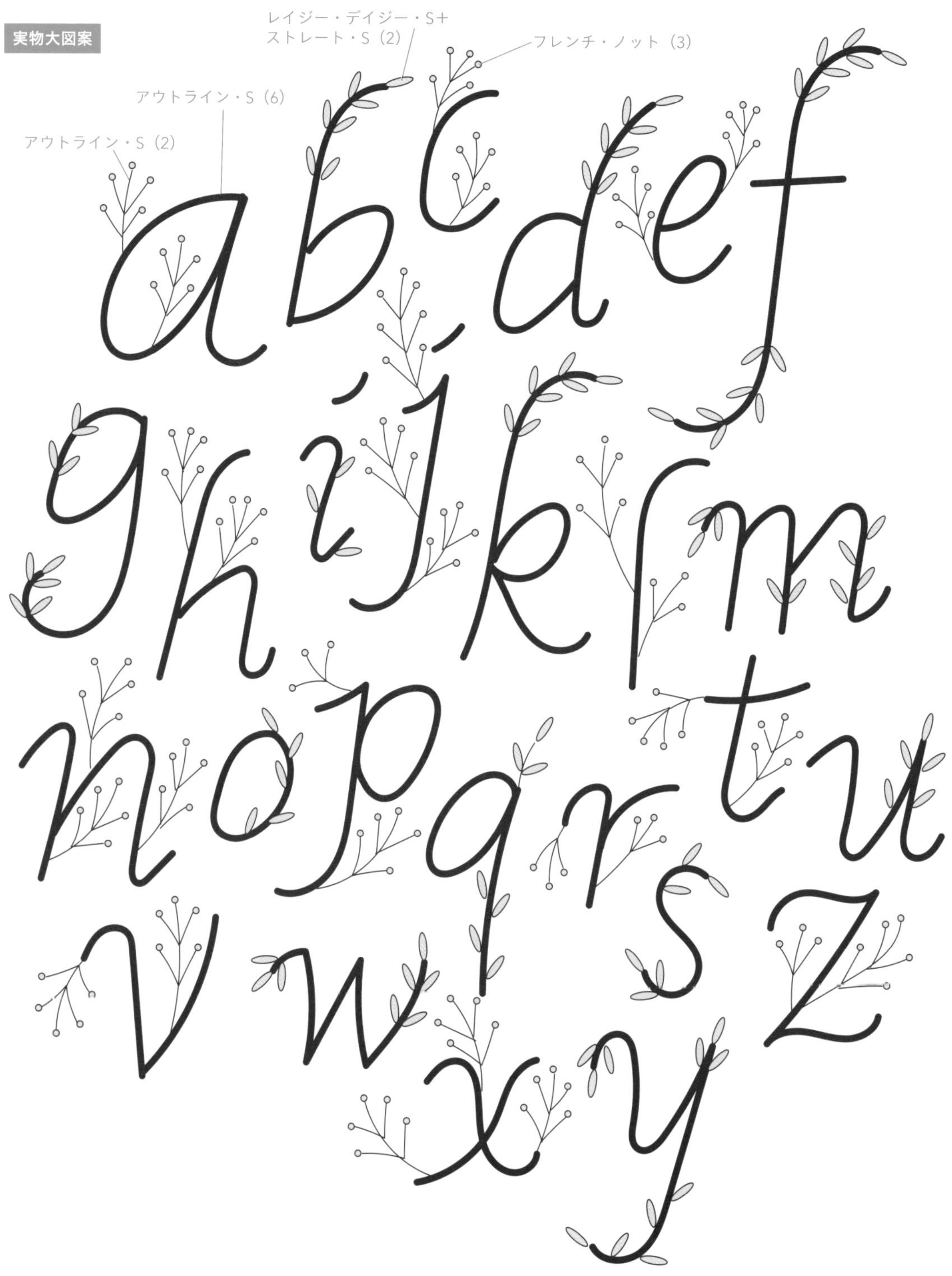

実物大図案
レイジー・デイジー・S＋
ストレート・S（2）
フレンチ・ノット（3）
アウトライン・S（6）
アウトライン・S（2）

6 *June*

雨粒と6月の植物 ［作品 p.12］

[糸]オリムパス25番刺しゅう糸
灰緑(203)／水色(342, 2042)／ベージュ(841)／紫(6655)／
薄紫(632)／黄色(283)／赤(1026)／グレイ(487)

＊指定以外は2本どり　＊(　)内の数字は糸の本数　＊フレンチ・ノットは2回巻き

実物大図案

サテン・S
841
フレンチ・ノット
2042（2）+841（1）
（間をあけて刺す）
アウトライン・S
203
ストレート・S
487
アウトライン・S
203（3本並べる）
サテン・S
487
サテン・S
1026
フレンチ・ノット
2042
サテン・S
283
アウトライン・S
203
サテン・S
203
サテン・S
841
サテン・S
632
フレンチ・ノット
6655
アウトライン・S
6655
サテン・S
6655
サテン・S
342

6 *June*

夏椿 [作品 p.14]

[糸]オリムパス25番刺しゅう糸
白(810)／灰青(343)／紺色(344)／ベージュ(841)／黄色(292)
＊指定以外は2本どり　＊(　)内の数字は糸の本数　＊フレンチ・ノットは2回巻き

実物大図案

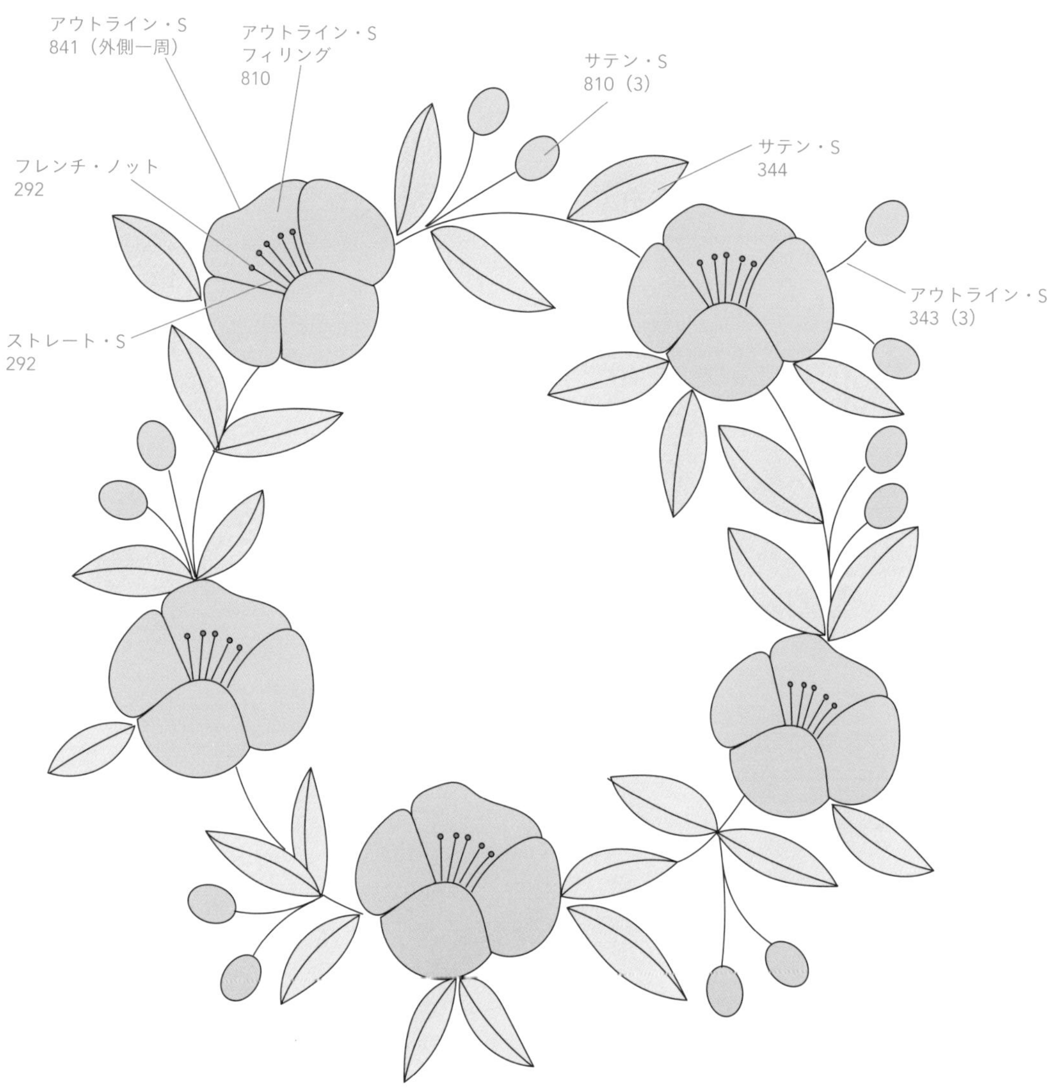
アウトライン・S
841（外側一周）
アウトライン・S
フィリング
810
サテン・S
810（3）
サテン・S
344
フレンチ・ノット
292
アウトライン・S
343（3）
ストレート・S
292

6
June

野ばらの庭 ［作品 p.15］

［糸］オリムパス25番刺しゅう糸
ピンク（791）／グリーン（206・245）
＊指定以外は2本どり　＊（　）内の数字は糸の本数

実物大図案

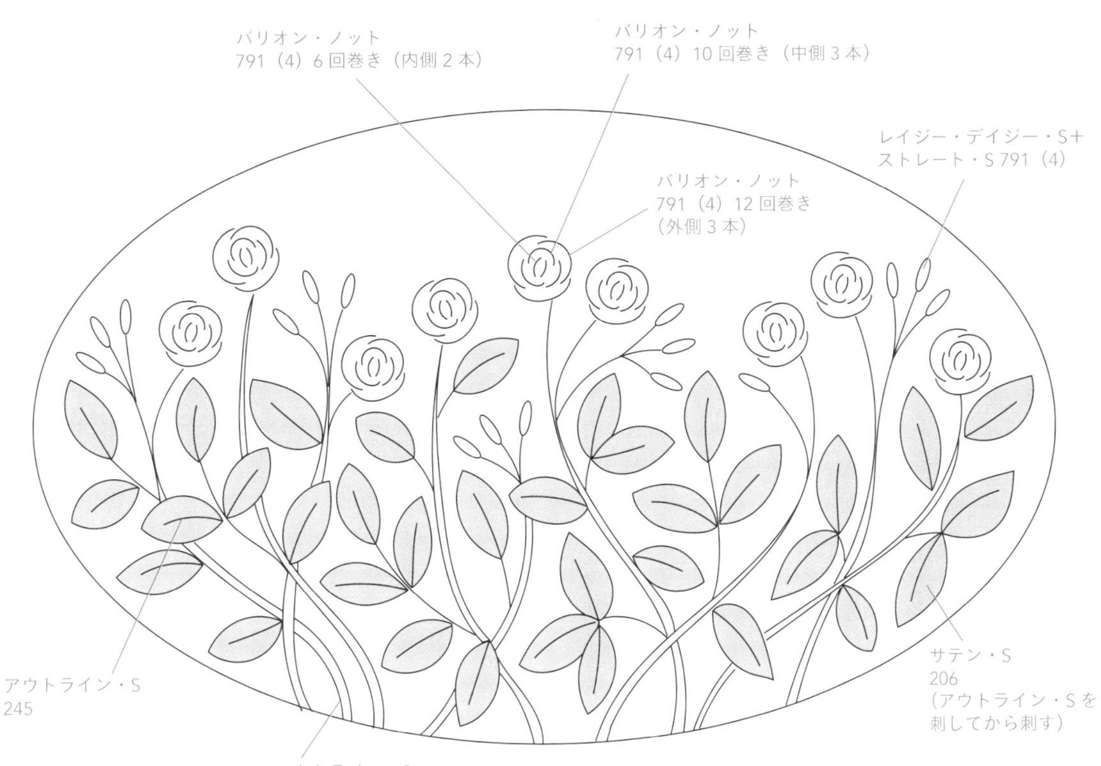

バリオン・ノット
791（4）6回巻き（内側2本）
バリオン・ノット
791（4）10回巻き（中側3本）
レイジー・デイジー・S＋
ストレート・S 791（4）
バリオン・ノット
791（4）12回巻き
（外側3本）
アウトライン・S
245
サテン・S
206
（アウトライン・Sを
刺してから刺す）
アウトライン・S
245（根元より2本並べて刺し、先の方で徐々に1本にする）

7 *July*

ハーブ刺繍のひもつきポーチ、サンプラー

［作品 p.16, 18／作り方 p.98］

［糸］オリムパス25番刺しゅう糸

ポーチ：青緑（222）／ピンク（1205）、サンプラー：オリーブ色（2011）／オレンジ（512）

＊指定以外は2本どり　＊（　）内の数字は糸の本数　＊フレンチ・ノットは2回巻き

＊指定以外のステッチはアウトライン・S（ポーチ：222、サンプラー：2011）　＊グリーンの字はポーチ、黒字はサンプラーの色番号

実物大図案

フレンチ・ノット
1205（3）　512（3）
♡＝レイジー・デイジー・S＋
ストレート・S 222　2011
フレンチ・ノット
1205（3）　512（3）
レイジー・デイジー・S
1205（3）　512（3）
ストレート・S
ストレート・S
222　2011
サテン・S
222　2011
サテン・S
1205　512
ストレート・S
222　2011
（2本並べる）
☆
★
フレンチ・
ノット
222
♡
（2本並べる）
フレンチ・ノット
1205　512
★＝レイジー・デイジー・S＋ストレート・S 1205（3）（ポーチのみ）
☆＝レイジーデイジー・S＋ストレート・S 222（3）　2011（3）

7 *July*

匂い立つ野原 ［作品 p.19］

［糸］オリムパス25番刺しゅう糸
ピンク（767）／淡茶（723）／ベージュ（841）

＊指定以外は2本どり　＊（　）内の数字は糸の本数　＊フレンチ・ノットは2回巻き

実物大図案

★＝レイジー・デイジー・S＋ストレート・S 767
☆＝レイジー・デイジー・S＋ストレート・S 841（3）
♥＝レイジー・デイジー・S＋ストレート・S 841
♡＝レイジー・デイジー・S＋ストレート・S 841（6）
◆＝バリオン・ノット 841（4）8回巻き
◇＝サテン・S 767
レイジー・デイジー・S＋ストレート・S 723
サテン・S 723
アウトライン・S 723
サテン・S 723
サテン・S 841
サテン・S 841
アウトライン・S 723
アウトライン・S 767
アウトライン・S 723
アウトライン・S 723
サテン・S 723

8 *August*

青い花の数字サンプラー ［作品 p.20］

［糸］オリムパス25番刺しゅう糸　ブルー（305）／水色（342）／グレイ（486）／薄緑（2051）／ベージュ（841）

＊指定以外は2本どり　＊（ ）内の数字は糸の本数　＊指定以外のステッチはアウトライン・S
＊数字の外側は305、内側は342（ハンカチは外側841、内側292）　＊フレンチ・ノットは2回巻き

実物大図案

レイジー・デイジー・S＋
ストレート・S
305
サテン・S
486
フレンチ・ノット
2051（3）
フレンチ・ノット
841（3）
アウトライン・S
342
フレンチ・ノット
2051（3）
サテン・S
342
レイジー・デイジー・S＋
ストレート・S
486
アウトライン・S
486
フレンチ・ノット
342（3）
レイジー・デイジー・S＋ストレート・S
305
サテン・S
342
サテン・S
305
フレンチ・ノット
486（3）
レイジー・デイジー・S＋ストレート・S
305

8
August

晩夏のサシェ

［作品 p.22／作り方 p.98］

［糸］オリムパス25番刺しゅう糸
A：ベージュ（841）　B：グリーン（218）
＊すべてアウトライン・S、2本どり

B
A

実物大図案

A
でき上がり線

B
でき上がり線

8 *August*

貝殻集め ［作品 p.23］

［作品 p.23］

[糸]オリムパス25番刺しゅう糸
草色（287，288）／水色（342，2040）／グレイ（485，486）／薄紫（631，632）／ピンク（766，791）
＊すべて2本どり

実物大図案

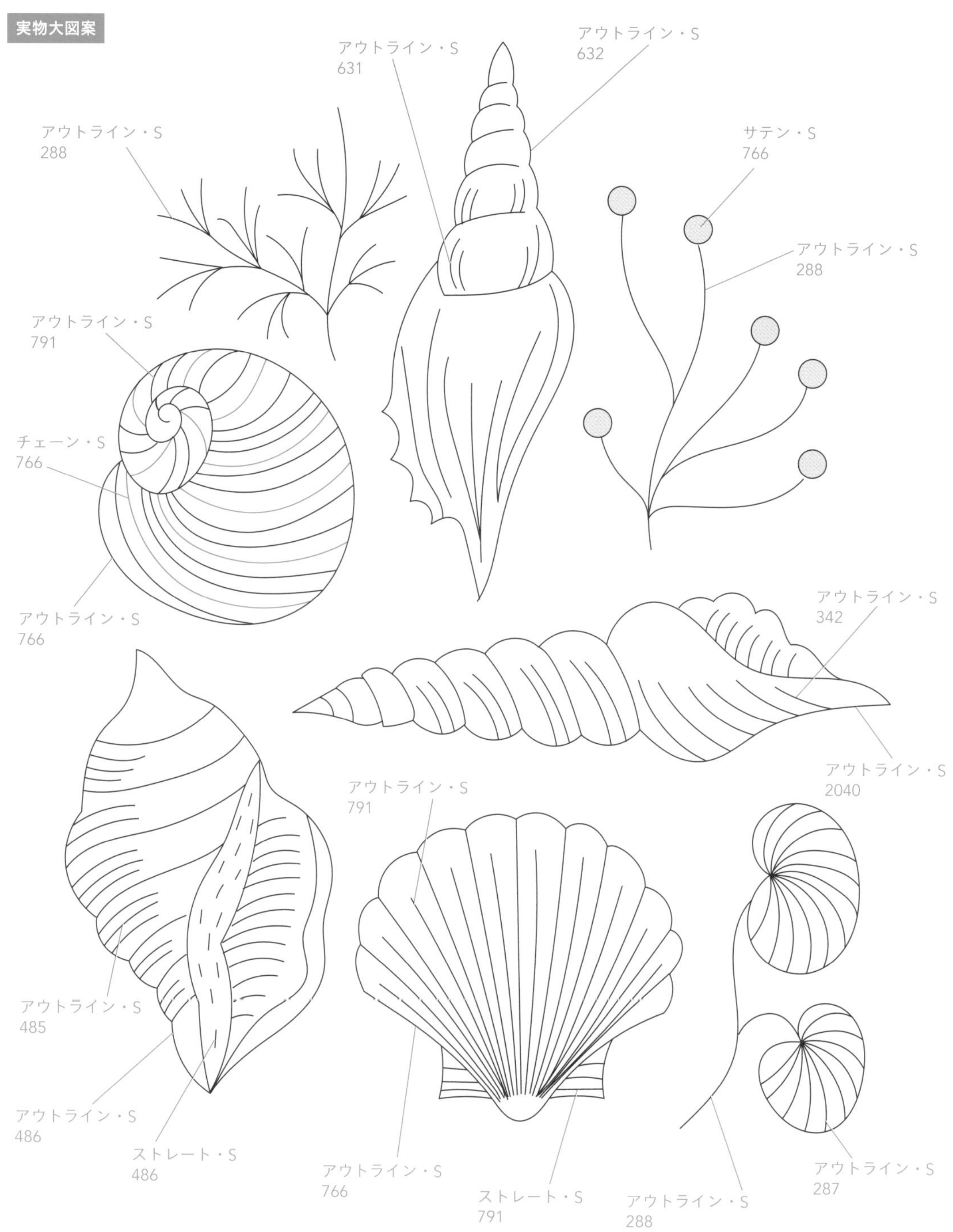

アウトライン・S
631
アウトライン・S
632
アウトライン・S
288
サテン・S
766
アウトライン・S
288
アウトライン・S
791
チェーン・S
766
アウトライン・S
766
アウトライン・S
342
アウトライン・S
2040
アウトライン・S
791
アウトライン・S
485
アウトライン・S
486
ストレート・S
486
アウトライン・S
766
ストレート・S
791
アウトライン・S
288
アウトライン・S
287

9 September

パッチワーク刺繍のポーチ

［作品 p.24／作り方 p.99］

[糸]オリムパス25番刺しゅう糸
赤(192, 1035)／深緑(206)／薄緑(237)／オリーブ色(2013)／水色(343)／紺色(318)／濃紫(324, 488)／紫(6655)／薄紫(632)／茶色(416)／淡茶(844)／グレイ(486)

＊すべて2本どり　＊フレンチ・ノットは2回巻き

実物大図案

サテン・S 324
アウトライン・S 416
サテン・S 237
サテン・S 2013
でき上がり線
サテン・S 343
サテン・S 486
サテン・S 6655
アウトライン・S 343
レイジー・デイジー・S+ストレート・S 343
フレンチ・ノット 1035
サテン・S 206
アウトライン・S 416
アウトライン・S 844
アウトライン・S 206
レイジー・デイジー・S+ストレート・S 486
フレンチ・ノット 486
アウトライン・S 2013
サテン・S 632
アウトライン・S 206
サテン・S 206
レイジー・デイジー・S+ストレート・S 2013
サテン・S 1035
アウトライン・S 2013
サテン・S 2013
フレンチ・ノット 486
フレンチ・ノット 192
ストレート・S
ストレート・S 343
ストレート・S 324
サテン・S 192
サテン・S 486
サテン・S 343
アウトライン・S 486
アウトライン・S 324
アウトライン・S 318
サテン・S 318
フレンチ・ノット 6655
レイジー・デイジー・S+ストレート・S 343
★＝アウトライン・S 1035　☆＝アウトライン・S 844　♥＝アウトライン・S 488　♡＝レイジー・デイジー・S+ストレート・S 237
◆＝フライ・S 318 (図案のようにガイドラインを引いて、間隔をあけて刺す)　◇＝フライ・S 192 (図案のようにガイドラインを引いて、間隔をあけて刺す)
▲＝レイジー・デイジー・S+ストレート・S 192　♠＝レイジー・デイジー・S+ストレート・S 416　△＝レイジー・デイジー・S+ストレート・S 844

9 *September*

ヘキサゴン模様のポーチ

［作品 p.26／作り方 p.99］

［糸］オリムパス25番刺しゅう糸
からし色(2835)／紺色(344)／グレイ(413,486)

＊指定以外は2本どり　＊(　)内の数字は糸の本数　＊フレンチ・ノットは2回巻き

実物大図案

でき上がり線
アウトライン・S 2835
レイジー・デイジー・S+ストレート・S 344
アウトライン・S 344
アウトライン・S 413
フレンチ・ノット 2835 (4)
フレンチ・ノット 2835 (3)
レイジー・デイジー・S+ストレート・S 2835 (3)
アウト ライン・S 2835
サテン・S 344
サテン・S 486
ロング・アンド・ショート・S 2835
フレンチ・ノット 413 (4)
アウトライン・S 344
チェーン・S 344
サテン・S 2835
アウトライン・S 486
アウトライン・S 413
サテン・S 2835
サテン・S 486
フレンチ・ノット 2835 (4)
サテン・S 486
レイジー・デイジー・S+ストレート・S 2835 (3)
アウトライン・S 2835
アウトライン・S
アウトライン・S 413
アウトライン・S 486
レイジー・デイジー・S+ストレート・S 344 (3)
フレンチ・ノット 344 (3)
アウトライン・S 2835

9 *September*

オリーブと小鳥 ［作品 p.27］

［糸］オリムパス25番刺しゅう糸
ベージュ(841)／グレイ(486)／薄緑(2051)／灰青(343)／濃紫(488)／茶色(575)
＊指定以外は3本どり　＊(　)内の数字は糸の本数

実物大図案

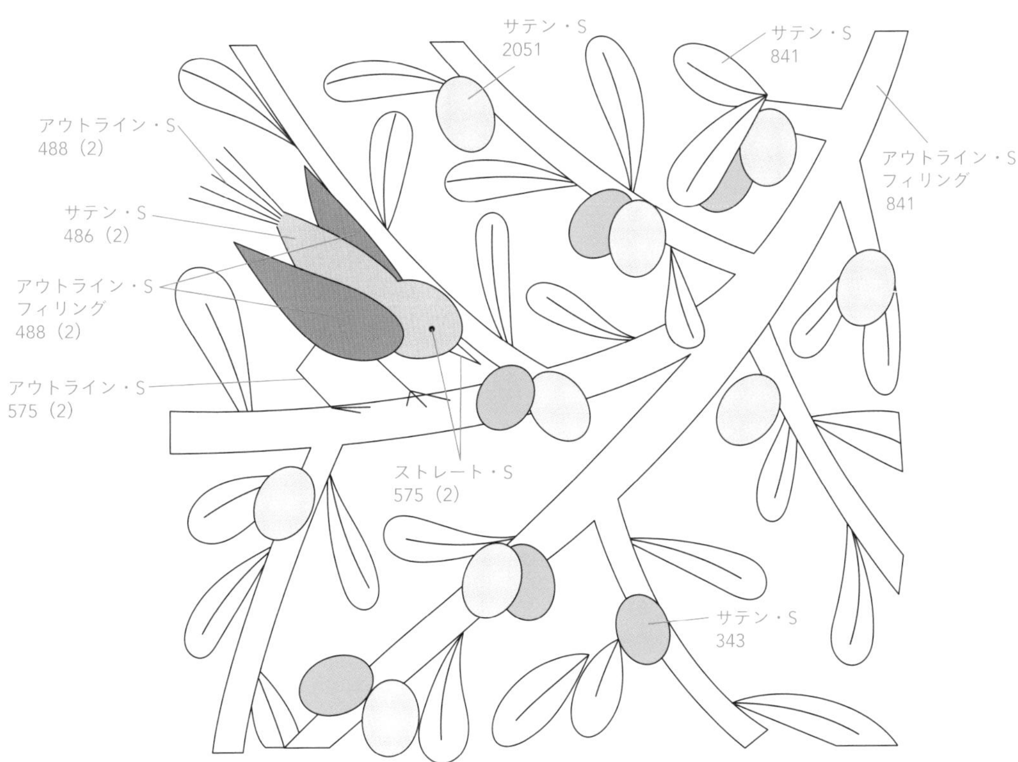

サテン・S
2051
サテン・S
841
アウトライン・S
488（2）
アウトライン・S
フィリング
841
サテン・S
486（2）
アウトライン・S
フィリング
488（2）
アウトライン・S
575（2）
ストレート・S
575（2）
サテン・S
343

10 *October*

草花刺繍のブックカバー

[作品 p.28 ／作り方 p.100]

[糸]オリムパス25番刺しゅう糸
茶色(778)／赤茶(768)／からし色(2835)／あずき色(1602)／薄紫(632)／灰青(343)／ベージュ(841)

＊指定以外は3本どり　＊(　)内の数字は糸の本数　＊フレンチ・ノットは2回巻き
＊指定以外のステッチはアウトライン・S、指定以外の色は茶色(778)

実物大図案

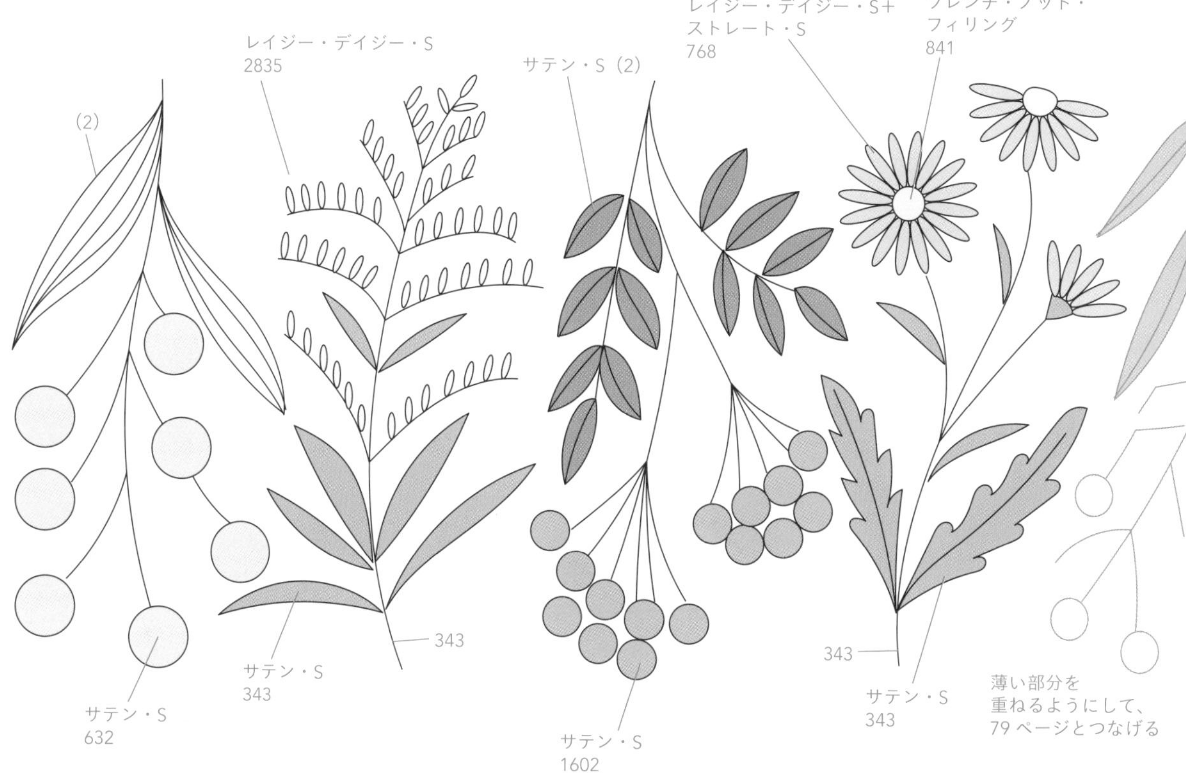
(2)
レイジー・デイジー・S
2835
サテン・S (2)
レイジー・デイジー・S+
ストレート・S
768
フレンチ・ノット・
フィリング
841
343
サテン・S
343
サテン・S
632
サテン・S
1602
343
サテン・S
343
薄い部分を
重ねるようにして、
79ページとつなげる

10

October

草花刺繡のしおり

［作品 p.30／作り方 p.100］

[糸]オリムパス25番刺しゅう糸

A:青緑(222)　B:ピンク(129)

＊指定以外は2本どり　＊(　)内の数字は糸の本数　＊フレンチ・ノットは2回巻き

薄い部分を
重ねるようにして、
78ページとつなげる
サテン・S
(2)
1602（2）
サテン・S
343（2）
343
サテン・S
841
サテン・S
アウトライン・S
サテン・S
フレンチ・ノット
レイジー・デイジー・S+
ストレート・S（3）
サテン・S
アウトライン・S
でき上がり線
サテン・S
レイジー・デイジー・S+
ストレート・S
アウトライン・S
アウトライン・S
サテン・S
A
B

10
October

どんぐりと小鳥 [作品 p.31]

[糸]オリムパス25番刺しゅう糸
茶色(738)
＊指定以外は3本どり　＊(　)内の数字は糸の本数

実物大図案

サテン・S
アウトライン・S (2)
サテン・S (2)
ストレート・S (2)
アウトライン・S
チェーン・S (刺し埋める)

11 *November*

秋の葉のリース ［作品 p.32］

［作品 p.32］

[糸]オリムパス25番刺しゅう糸
赤茶(784)／茶色(575)／淡茶(516･843)／金茶(563)／灰青(343)／
濃紫(488)／薄紫(632)／グリーン(238)／草色(288)／からし色(2835)

＊指定以外は2本どり　＊(　)内の数字は糸の本数　＊フレンチ・ノットは2回巻き

実物大図案

フレンチ・ノット
488(6)
アウトライン・S
784
アウトライン・S
563
アウトライン・S
2835
アウトライン・S
563
アウトライン・S
516
アウトライン・S
563
レイジー・デイジー・S＋
ストレート・S
632(4)
ストレート・S
238(4)
アウトライン・S
843
アウトライン・S
563
アウトライン・S
288
アウトライン・S
784
アウトライン・S
784
アウトライン・S
516
サテン・S
343
サテン・S
575
アウトライン・S
516
サテン・S
843
アウトライン・S
2835

11 November

実りの季節　[作品 p.34]

[糸]オリムパス25番刺しゅう糸
深緑(206)／灰緑(202)／赤茶(758,768,786)／赤(1027)／からし色(284)／金茶(564)／ベージュ(841)／灰青(343)／濃紫(324,655)／グレイ(488)

＊指定以外は2本どり　＊(　)内の数字は糸の本数　＊フレンチ・ノットは2回巻き

実物大図案
アウトライン・S
206
アウトライン・S
フィリング
206
(202を刺してから刺し埋める)
サテン・S
206
アウトライン・S
202
ストレート・S
841（3）
アウトライン・S
フィリング・
343（3）
アウトライン・S
202
アウトライン・S
フィリング
488
アウトライン・S
フィリング
206
★＝ロング・アンド・ショート・S 284（3）
☆＝ロング・アンド・ショート・S 564（3）
ロング・アンド・ショート
758（3）
サテン・841
アウトライン・S
786
（758の上から刺す）
フレンチ・ノット
655（3）
レイジー・デイジー・S＋
ストレート・S
206
サテン・S
206
レイジー・デイジー・S＋
ストレート・S
206
サテン・S
206
アウトライン・S
フィリング
655（3）
アウトライン・S
206
★
☆
ロング・アンド・ショート・S
768（3）
ロング・アンド・ショート・S
1027（3）
アウトライン・S・フィリング
324（3）

11 *November*

ドライフラワー ［作品 p.35］

[糸]オリムパス25番刺しゅう糸
茶色(575)／赤茶(714)／深緑(2016)／薄紫(632)／あずき色(167)／えんじ色(1908)／紺色(344)／草色(289)

＊指定以外は2本どり　＊(　)内の数字は糸の本数　＊フレンチ・ノットは2回巻き

実物大図案

レイジー・デイジー・S+
ストレート・S
632（3）
サテン・S
2016
フレンチ・ノット
167（3）
アウトライン・S
575
アウトライン・S
575
レイジー・デイジー・S+
ストレート・S
714
レイジー・デイジー・S+
ストレート・S
344
レイジー・デイジー・S+
ストレート・S
2016（3）
アウト
ライン・S
575
サテン・S
2016
レイジー・デイジー・S+
ストレート・S
632（3）
アウトライン・S
2016
サテン・S
575
アウトライン・S
575
アウトライン・S
1908
レイジー・デイジー・S+
ストレート・S
575
アウトライン・S
289
サテン・S
2016
レイジー・デイジー・S+
ストレート・S
289
サテン・S
344
アウトライン・S
575
アウトライン・S
2016

12 *December*

ウール刺繍のオーナメント

［作品 p.36／作り方 p.101］

［糸］アップルトン クルウェルウール糸
ベージュ(691)／赤(721)／灰青(641)／グレイ(972)／茶色(332)

＊すべて1本どり　＊フレンチ・ノットは2回巻き

実物大図案

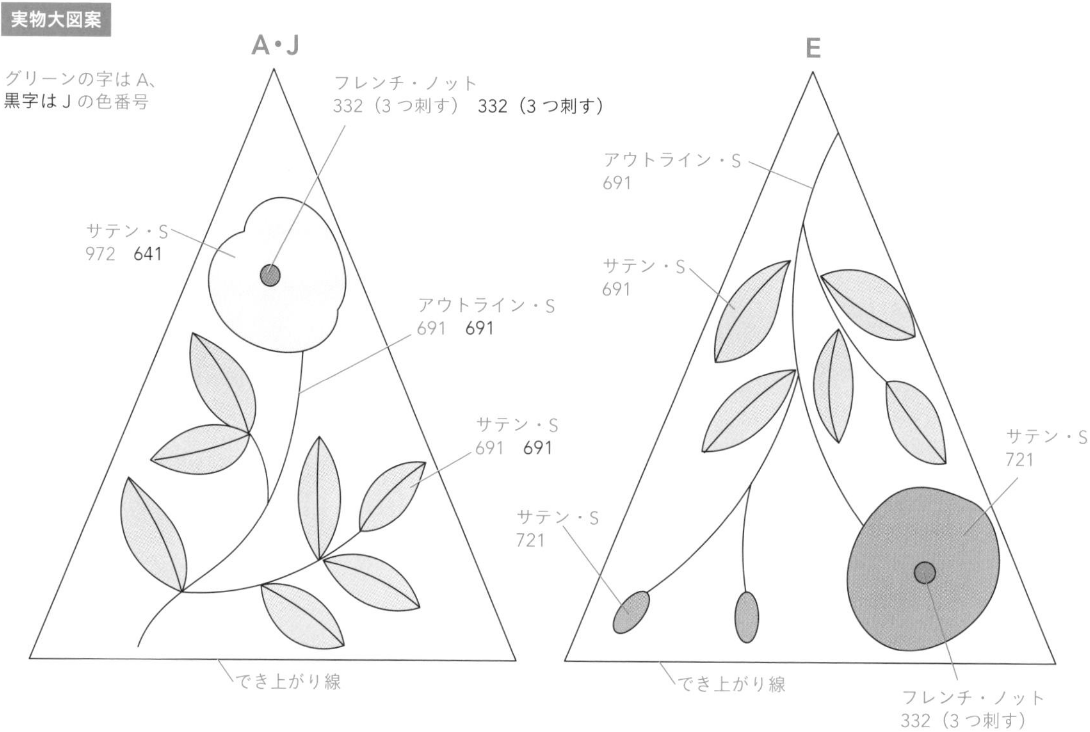

A・J
グリーンの字はA、
黒字はJの色番号
フレンチ・ノット
332（3つ刺す）　332（3つ刺す）
サテン・S
972　641
アウトライン・S
691　691
サテン・S
691　691
でき上がり線
E
アウトライン・S
691
サテン・S
691
サテン・S
721
サテン・S
721
でき上がり線
フレンチ・ノット
332（3つ刺す）

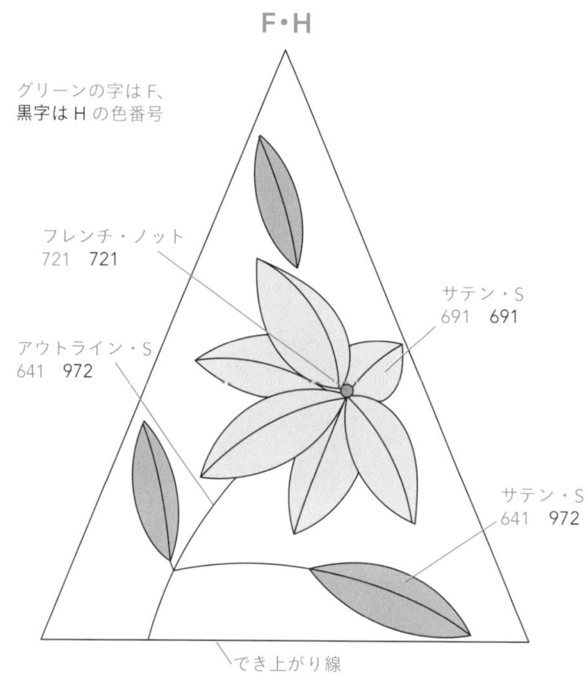

F・H
グリーンの字はF、
黒字はHの色番号
フレンチ・ノット
721　721
サテン・S
691　691
アウトライン・S
641　972
サテン・S
641　972
でき上がり線

A
B
C
D
E
F
G
H
I
J

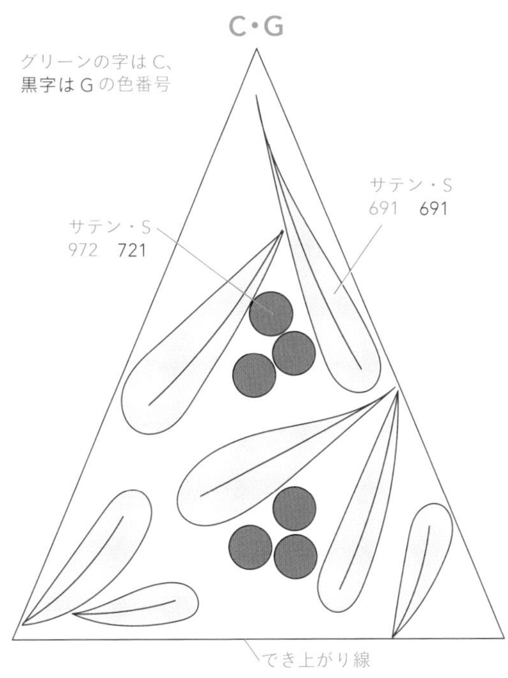
C・G
グリーンの字はC、
黒字はGの色番号
サテン・S
691 691
サテン・S
972 721
でき上がり線

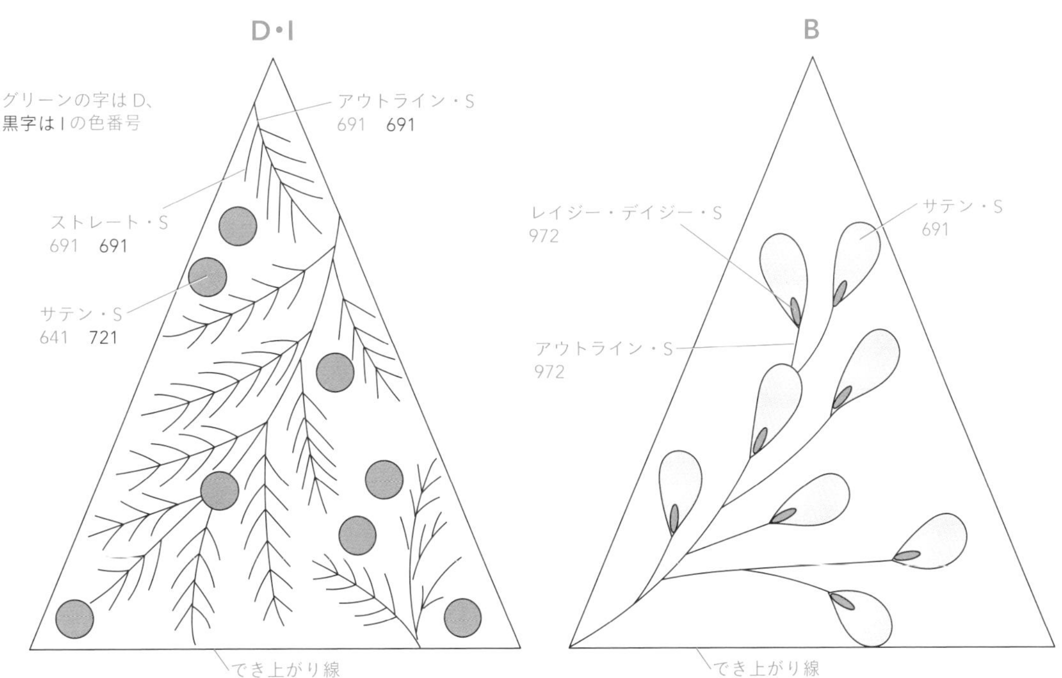
D・I
グリーンの字はD、
黒字はIの色番号
アウトライン・S
691 691
ストレート・S
691 691
サテン・S
641 721
でき上がり線
B
レイジー・デイジー・S
972
サテン・S
691
アウトライン・S
972
でき上がり線

12 December

祝福のリース ［作品 p.38］

［糸］アップルトン クルウェルウール糸
赤紫（805）／紫（607）／グリーン（429,438）／黄緑（547）／コバルトブルー（489）
［糸］オリムパス25番刺しゅう糸　ベージュ（812）／茶色（575）

＊☆はオリムパス25番刺しゅう糸、3本どり ＊（　）内の数字は糸の本数
＊指定以外はアップルトン クルウェルウール糸、1本どり　＊フレンチ・ノットは2回巻き

実物大図案

☆アウトライン・S
812
フレンチ・ノット・フィリング
805（2）
☆アウトライン・S
812
フレンチ・ノット
607
サテン・S
489
☆レイジー・デイジー・S＋
ストレート・S
812
アウトライン・S
429
☆アウトライン・S
575
☆アウトライン・S
575
サテン・S
438
サテン・S
438
☆アウトライン・S
575
☆アウトライン・S
575
サテン・S
547

12
December

冬の木立 [作品 p.39]

[糸]オリムパス25番刺しゅう糸
こげ茶(415)/グレイ(412, 484)/紺色(344)
＊指定以外は3本どり　＊( )内の数字は糸の本数

実物大図案

アウトライン・S
484 (2)
サテン・S
344 (2)
アウトライン・S フィリング
412
チェーン・S (刺し埋める)
415

1 *January*

装飾フレームと白い花／冬の花の巾着ポーチ

［作品 p.40／作り方 p.101］

［糸］オリムパス25番刺しゅう糸
フレーム：ベージュ（841, 811）／水色（2042）
ポーチ：水色（342）／ベージュ（841）

＊指定以外は2本どり　＊（　）内の数字は糸の本数　＊フレンチ・ノットは2回巻き

実物大図案

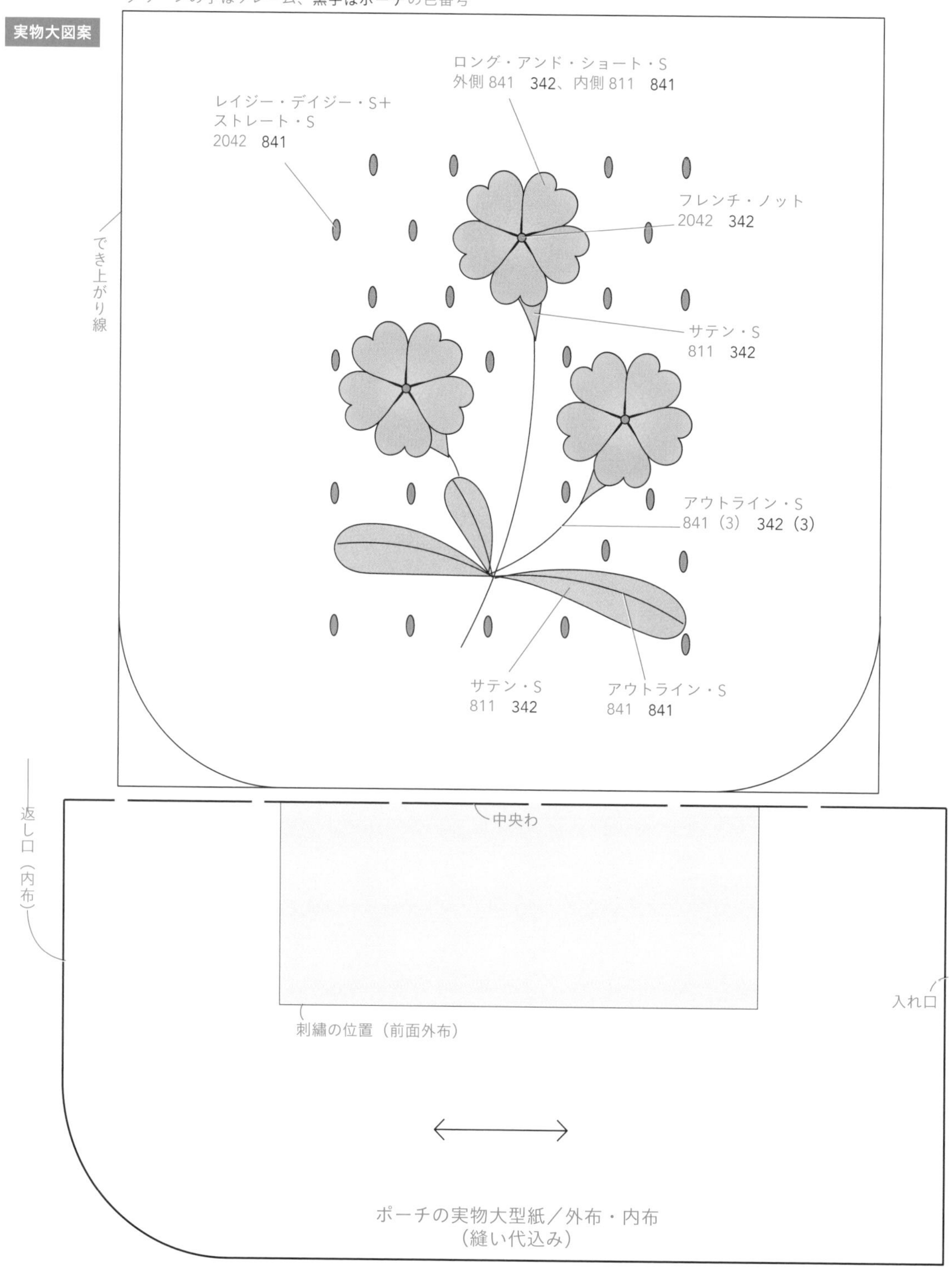
グリーンの字はフレーム、黒字はポーチの色番号
ロング・アンド・ショート・S
外側 841　342、内側 811　841
レイジー・デイジー・S＋
ストレート・S
2042　841
フレンチ・ノット
2042　342
でき上がり線
サテン・S
811　342
アウトライン・S
841（3）　342（3）
サテン・S
811　342
アウトライン・S
841　841
返し口（内布）
中央わ
入れ口
刺繍の位置（前面外布）
ポーチの実物大型紙／外布・内布
（縫い代込み）

1 *January*

冬のブーケ ［作品 p.42］

［糸］オリムパス25番刺しゅう糸
深緑(2016)／オリーブ色(2013)／赤(1029、1908)／あずき色(167)／
灰青(343)／からし色(284)／グレイ(486)

＊指定以外は3本どり　＊( )内の数字は糸の本数　＊フレンチ・ノットは2回巻き

実物大図案

サテン・S
2013
フレンチ・ノット・フィリング
284（4）
サテン・S
1029
サテン・S
2016
バリオン・ノット
486（4）8回巻き
アウトライン・S
1908
（外側を一周）
アウトライン・S
343
アウトライン・S
フィリング・
167
サテン・S
2016
アウトライン・S
2016（2本並べる）
アウトライン・S
2016

1 *January*

雪華模様 ［作品 p.43］

[糸]オリムパス25番刺しゅう糸
白(430)

＊指定以外は2本どり　＊(　)内の数字は糸の本数　＊フレンチ・ノットは2回巻き

実物大図案

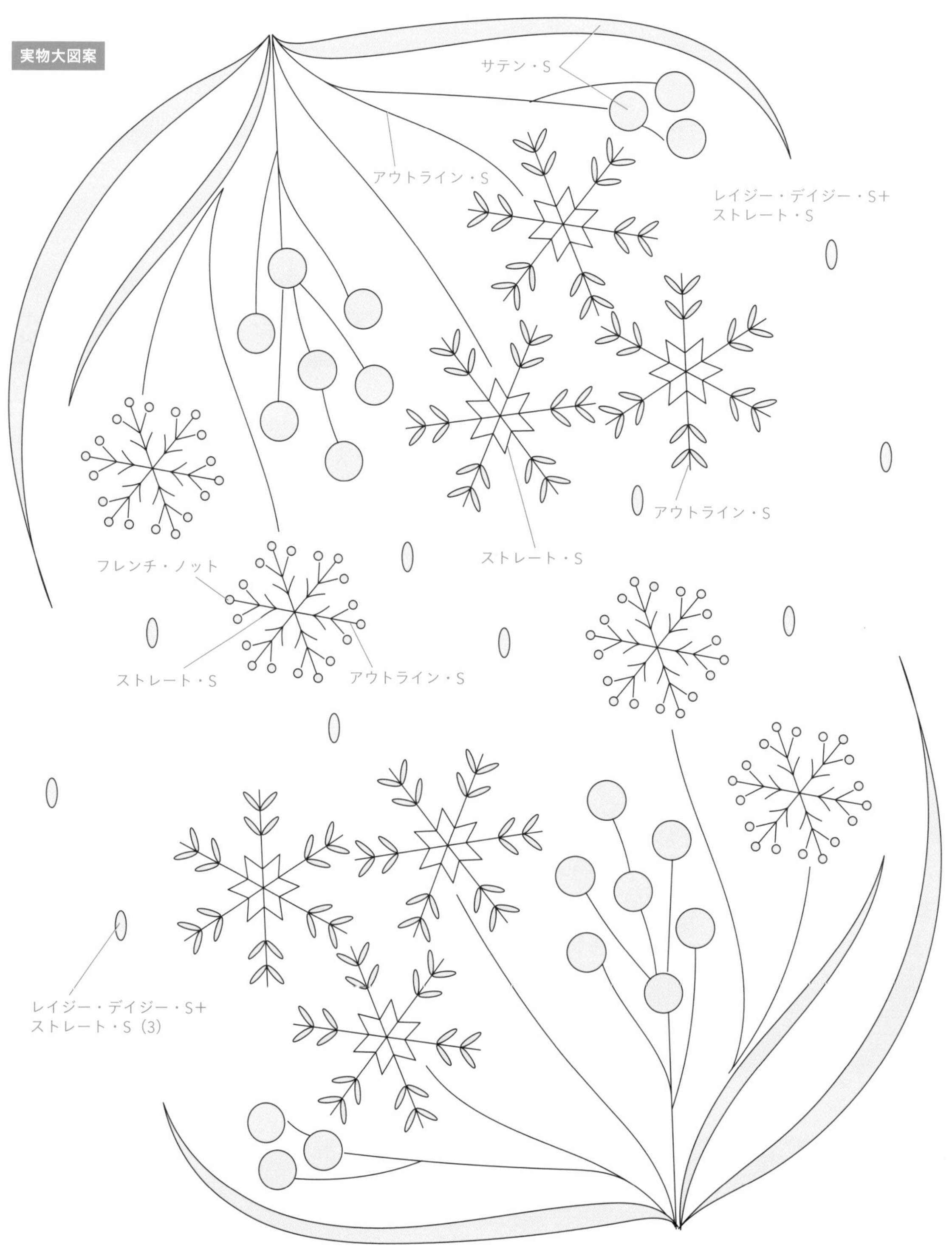
サテン・S
アウトライン・S
レイジー・デイジー・S+
ストレート・S
アウトライン・S
ストレート・S
フレンチ・ノット
ストレート・S
アウトライン・S
レイジー・デイジー・S+
ストレート・S（3）

2 *February*

空想植物の小さなバッグ

［作品 p.44／作り方 p.103］

［糸］オリムパス25番刺しゅう糸
ベージュ（841）／深緑（2016）／オリーブ色（2012）／草色（236）／水色（342）／灰青（343）／紺色（344）／ピンク（767、792）／薄紫（613）／黄色（283、290）／淡茶（722）

＊指定以外は3本どり　＊（　）内の数字は糸の本数　＊フレンチ・ノットは2回巻き

実物大図案

サテン・S
342
サテン・S
290
アウトライン・S
342
アウトライン・S
343（1）
ロング・アンド・ショート・S
外側 767　内側 792（2）
フレンチ・ノット
236
サテン・S
841
サテン・S
2016
アウトライン・S
613
フレンチ・ノット
283
サテン・S
344
サテン・S
2012
レイジー・デイジー・S＋
ストレート・S
236（6）
ストレート・S
283（6）
ストレート・S
722（2）
サテン・S
236（2）
アウトライン・S
フィリング
236（2）
フレンチ・ノット
344
サテン・S
722（2）
レイジー・デイジー・S＋
ストレート・S
343（6）
アウトライン・S
722（2）
ストレート・S
722（2）
レイジー・デイジー・S＋
ストレート・S
2016
サテン・S
344
アウトライン・S
841（4）
サテン・S
2012

2 *February*

花待ちのプレイスマット

［作品 p.46／作り方 p.99］

［糸］オリムパス25番刺しゅう糸　ピンク(792)

＊指定以外はアウトライン・S 2本どり
＊(　)内の数字は糸の本数　＊フレンチ・ノットは2回巻き

実物大図案

レイジー・デイジー・S+
ストレート・S (3)
レイジー・デイジー・S (3)
レイジー・デイジー・S+
ストレート・S
フレンチ・ノット
(3)
レイジー・デイジー・S+
ストレート・S (3)
レイジー・デイジー・S+
ストレート・S (3)
レイジー・デイジー・S+
ストレート・S (3)

2 *February*

水仙 [作品 p.47]

[糸]オリムパス25番刺しゅう糸
グリーン(2065)／黄緑(2022)／生成り(731)／黄色(292)
＊指定以外は2本どり　＊(　)内の数字は糸の本数

実物大図案

アウトライン・S
292（3）
（花びらのサテン・Sを刺してから刺す）
サテン・S
731

★はサテン・S 2065、それ以外の葉はサテン・S 2022

3 March

早春色のピンクッション ［作品 p.48／作り方 p.102］

［糸］オリムパス25番刺しゅう糸
A：薄緑（2051）／ピンク（792） B, C：ベージュ（841）／ピンク（792）
＊指定以外は2本どり ＊（ ）内の数字は糸の本数 ＊指定以外のフレンチ・ノットは2回巻き

実物大図案

B
★＝アウトライン・S 841
☆＝レイジー・デイジー・S+ストレート・S 792（3）
サテン・S 841
フレンチ・ノット 1回巻き 792（6）
でき上がり線
サテン・S 841
フレンチ・ノット 841
サテン・S 841
サテン・S 841
レイジー・デイジー・S+ストレート・S 841
サテン・S 792
C
◆＝アウトライン・S 792
◇＝レイジー・デイジー・S+ストレート・S 792
■＝フレンチ・ノット 1回巻き 841（6）
サテン・S 792
サテン・S 792
フレンチ・ノット 792
サテン・S 841
でき上がり線
レイジー・デイジー・S+ストレート・S 841
サテン・S 792
サテン・S 792
サテン・S 792
レイジー・デイジー・S+ストレート・S 841（3）
A ♡＝アウトライン・S 2051
フレンチ・ノット 2051
レイジー・デイジー・S+ストレート・S 2051
レイジー・デイジー・S+ストレート・S 792（3）
レイジー・デイジー・S+ストレート・S 792（3）
サテン・S 2051
サテン・S 792
サテン・S 2051
でき上がり線
フレンチ・ノット 1回巻き 792（6）

3 *March*

春一番のマチつきポーチ ［作品 p.50／作り方 p.102］

［糸］オリムパス25番刺しゅう糸
深緑（206）／ピンク（766、791）／薄紫（632）／水色（2042）／ベージュ（812、841）

＊すべて3本どり　＊フレンチ・ノットは2回巻き

実物大図案

サテン・S
791
サテン・S
206
サテン・S
766
ストレート・S
206
サテン・S
206
サテン・S
206
アウトライン・S
812
アウトライン・S
812
フレンチ・ノット・
フィリング
841
サテン・S
632
アウトライン・S
206
サテン・S
206
レイジー・デイジー・S＋
ストレート・S
841
アウトライン・S
812
サテン・S
206
ストレート・S
632
サテン・S
206
アウトライン・S
812
サテン・S
2042

3 *March*

たんぽぽが咲く頃 ［作品 p.51］

「糸」オリムパス25番刺しゅう糸
グレイ(412)／黄色(283)／からし色(284)

＊指定以外は2本どり　＊(　)内の数字は糸の本数　＊フレンチ・ノットは2回巻き

実物大図案

サテン・S
412
フレンチ・ノット
283（3）
アウトライン・S
412
アウトライン・S
フィリング
283
(284を刺して
から刺す)
サテン・S
283
ストレート・S
412
アウトライン・S
284
アウトライン・S
412
レイジー・デイジー・S+
ストレート・S
283
サテン・S
412
アウトライン・S
412
レイジー・デイジー・S+
ストレート・S
412
アウトライン・S
412

小さな春の道草バッグ

[作品 p.4 ／実物大図案 p.60 ／でき上がりサイズ：縦 22cm× 横 28cm]

材料

[糸] オリムパス 25 番刺しゅう糸
　　各色は p.60 の図案参照
[布] リネン(生成り)：46cm×46cm
　　コットン(ベージュ)：30cm×46cm
接着芯：30cm×46cm
革ひも(薄茶)：直径 0.2cm を 1.2m

作り方

1. 外布の裏に接着芯を貼り、指定の位置に刺繍をする（刺し方はp.60の図案参照）。斜線部分の布を裁ち落とす。
2. タブを外表に四つ折りにして縫う。
3. タブを二つ折りにして外布に仮どめし、内布と中表に合わせて入れ口を縫う。
4. 入れ口を中央にずらして、外布、内布どうしを中表に合わせ、返し口とひも通し口を残して縫う。
5. 表に返して入れ口にステッチをかける。革ひもを入れ口とタブに通して結ぶ。内布の返し口をとじる。

[寸法図]

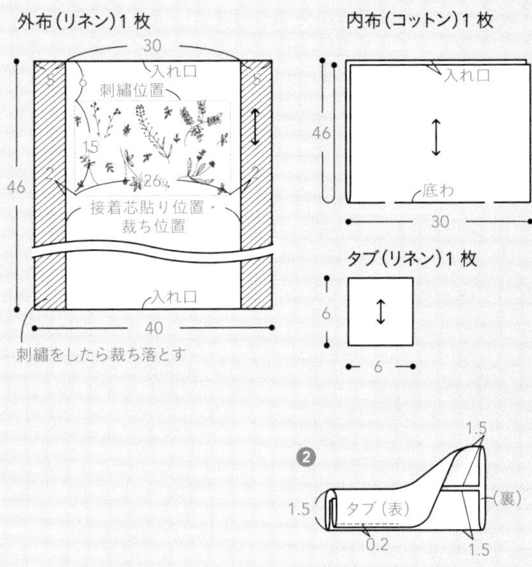

外布(リネン)1枚
30
入れ口
刺繍位置
5
1.5
2
26½
46
接着芯貼り位置・
裁ち位置
入れ口
40
刺繍をしたら裁ち落とす
内布(コットン)1枚
入れ口
46
底わ
30
タブ(リネン)1枚
6
6
1.5
タブ(表)
(裏)
1.5
0.2
1.5

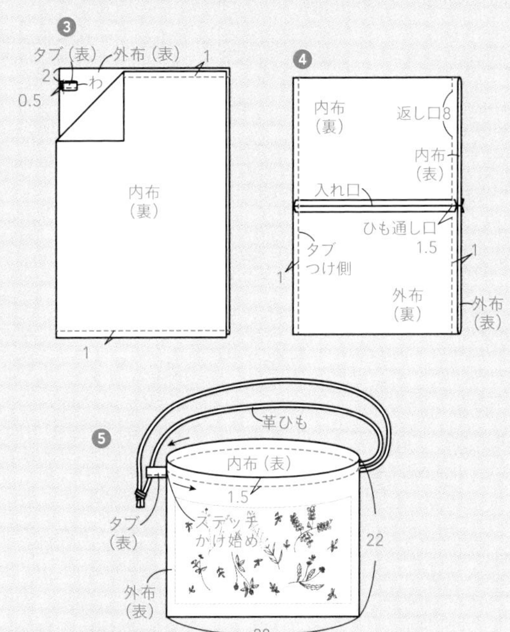

タブ(表)
外布(表)
1
2
わ
0.5
内布
(裏)
1
内布
(裏)
返し口8
内布
(表)
入れ口
ひも通し口
1.5
タブ
つけ側
1
1
外布
(裏)
外布
(表)
革ひも
内布(表)
1.5
タブ
(表)
ステッチ
かけ始め
22
外布
(表)
28

新緑のカバークロス

[作品 p.8 ／実物大図案 p.65 ／でき上がりサイズ：縦 29cm× 横 29cm]

材料

[糸] オリムパス 25 番刺しゅう糸
　　各色は p.65 の図案参照
[布] リネン(生成り)：39cm×39cm
　　(からし色)：31cm×31cm
接着芯：31cm×31cm

作り方

1. 前面の裏に接着芯を貼り、指定の位置に刺繍をする（刺し方はp.65の図案参照）。斜線部分の布を裁ち落とす。
2. 前面と後ろ面を中表に合わせ、返し口を残して縫う。
3. 表に返して返し口をとじる。

前面(リネン・生成り)1枚

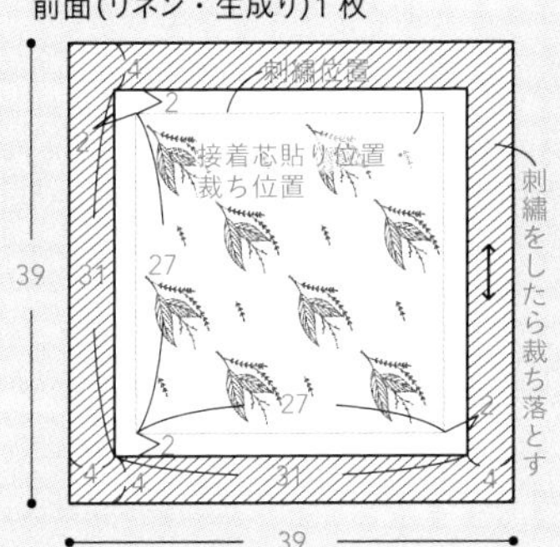

4
刺繍位置
2
接着芯貼り位置
裁ち位置
27
39
31
27
2
4
4
31
4
39
刺繍をしたら裁ち落とす

後ろ面(リネン・からし色)1枚

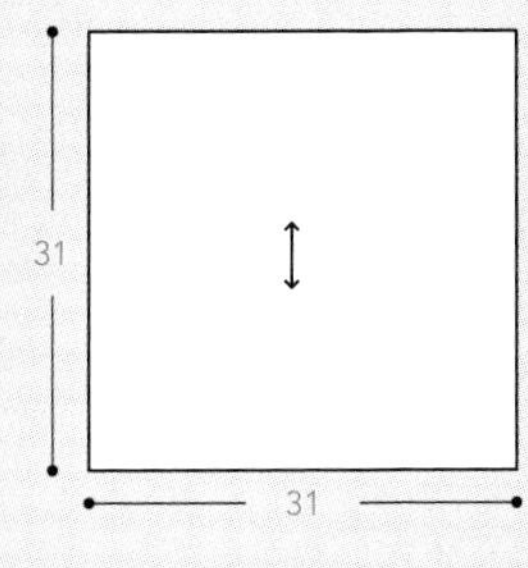

31
31

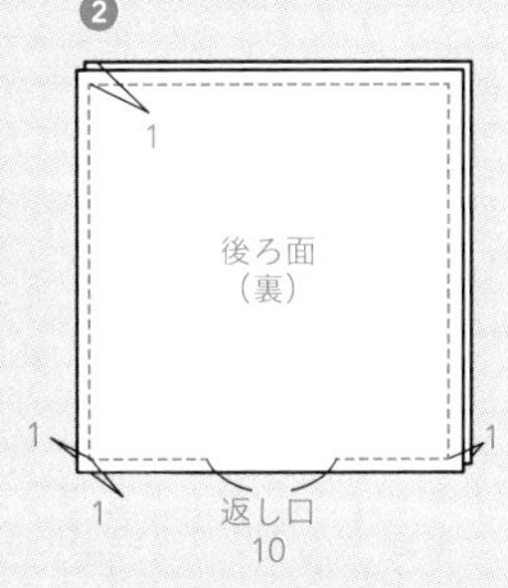

1
後ろ面
(裏)
1
1
1
返し口
10

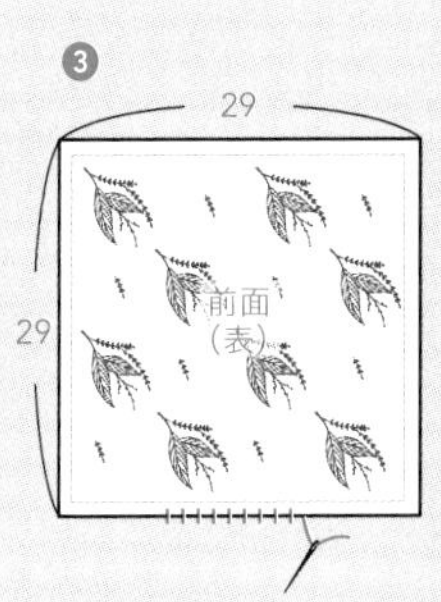

29
前面
(表)
29

ハーブ刺繍のひもつきポーチ ［作品 p.16／実物大図案 p.70／でき上がりサイズ：縦 10cm× 横 18cm］

材料

［糸］オリムパス 25 番刺しゅう糸
　　各色は p.70 の図案参照
［布］リネン（ベージュ）：24cm×34.5cm
　　リネン（薄紫）：20cm×30.5cm
接着芯：20cm×30.5cm
薄手接着キルト芯：18cm×28.5cm
革テープ（茶色）：幅 0.2cm を 1m

［寸法図］

外布（リネン・ベージュ）1 枚
接着芯貼り位置・裁ち位置
4
1
刺繍をしたら裁ち落とす
34.5
30.5
18.5
14
2
刺繍位置
2
11
3
口側
20
3
24

内布（リネン・薄紫）1 枚
接着キルト芯貼り位置
1
30.5
28.5
1
18
1
1
20

作り方

❶外布の裏に接着芯を貼り、指定の位置に刺繍をする（刺し方はp.70の図案参照）。斜線部分の布を裁ち落とす。内布の裏に接着キルト芯を貼る。
❷革テープを二つ折りにして外布に仮どめする。
❸外布と内布を中表に合わせ、返し口を残して口側を縫う（革テープを縫わないように注意）。
❹口側を折り込んで、底以外を縫う。
❺表に返して返し口をとじる。革テープの両端を合わせて結ぶ。

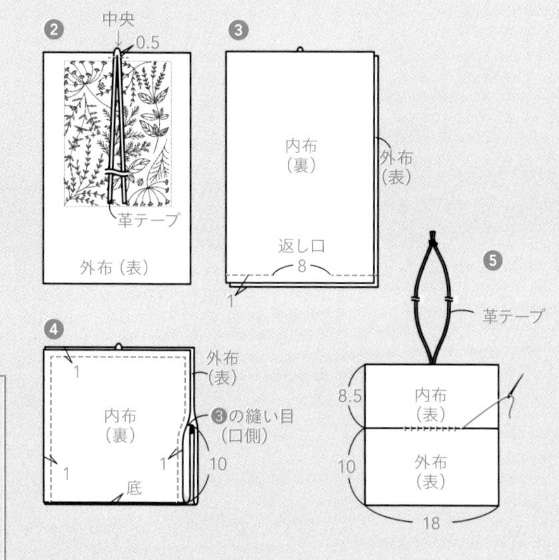

❷
中央
0.5
革テープ
外布（表）
❸
内布
（裏）
外布
（表）
返し口
8
1
❹
外布
（表）
1
内布
（裏）
❸の縫い目
（口側）
1
1
10
底
❺
革テープ
8.5
内布
（表）
10
外布
（表）
18

晩夏のサシェ（A,B）

［作品 p.22／実物大図案 p.73／
でき上がりサイズ：幅 6.5cm× 高さ約 6 cm× 奥行き約 8 cm］

材料（1 個分）

［糸］オリムパス 25 番刺しゅう糸
　　各色は p.73 の図案参照
　　ひも用糸　**A**：ベージュ（841）、**B**：グリーン（218）
［布］リネン：**A**（グリーン）、**B**（アイボリー）：
　　23cm×18cm、さらし木綿：12cm×11cm
接着芯：15cm×10cm
ポプリ：適量

作り方

❶外布の裏に接着芯を貼り、図案とでき上がり線を写し、指定の位置に刺繍をする（刺し方はp.73の図案参照）。斜線部分の布を裁ち落とす。
❷ひもを作る。刺繍糸6本どり3本（各30cm）を三つ編みにする。
❸外袋を作る。ひもを二つ折りにして外布の上辺中央に仮どめする。
❹❸を中表に二つ折りにし、入れ口を残して底以外を縫う。
❺❹の縫い代を割って入れ口を中央にずらし、底を縫う。
❻中袋を作る。中布を中表に二つ折りにして入れ口以外を縫う。
❼中袋を表に返してポプリを詰め、入れ口を中に折り込んでとじる。外袋を表に返して中袋を入れる。

［寸法図］

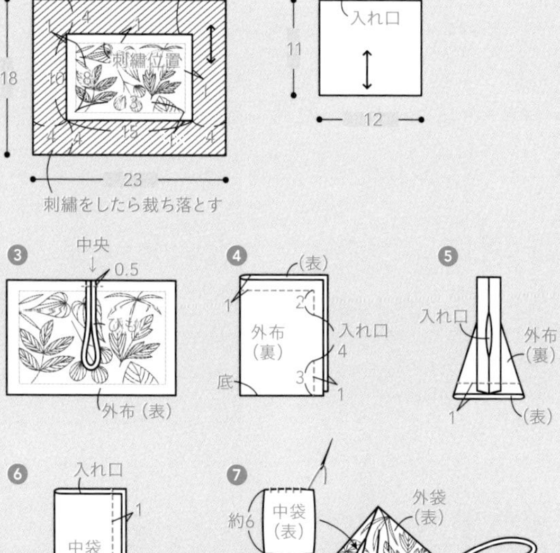

外布（リネン）1 枚
接着芯貼り位置・裁ち位置
4
1
1
刺繍位置
18
10
8
13
1
4
15
4
23
刺繍をしたら裁ち落とす
中布（さらし木綿）1 枚
入れ口
11
12
❸
中央
0.5
ひも
外布（表）
❹
（表）
1
2
外布
（裏）
入れ口
4
底
3
1
❺
入れ口
外布
（裏）
1
（表）
❻
入れ口
1
中袋
（裏）
（表）
1
❼
中袋
（表）
約6
外袋
（表）
6.5
約8

パッチワーク刺繍のポーチ(A) ／ヘキサゴン模様のポーチ(B)

［ 作品 p.24, 26 ／実物大図案 p.75, 76 ／でき上がりサイズ：縦 13.5cm× 横 18cm ］

材料(1 個分)

[糸]オリムパス 25 番刺しゅう糸
　各色は p.75、76 の図案参照

[布]リネン：A(ベージュ)、B(生成り)：
　28cm×23.5cm
　リネン：A(赤)、B(からし色)：20cm×15.2cm
　コットン：A(生成り)、B(グレー)：40cm×15.2cm

接着芯：40cm×15.2cm(20cm×15.2cm を 2 枚)

コイルファスナー：A(赤)、B(グレー)：
　長さ 20cm を 1 本

革テープ　A(薄茶)、B(茶色)：幅 0.3cm を 36cm

作り方

1. 前面外布の裏に接着芯を貼り、図案とでき上がり線を写し、指定の位置に刺繍をする(刺し方はp.75、76の図案参照)。斜線部分の布を裁ち落とす。後ろ面外布の裏に接着芯を貼る。
2. ファスナーの下どめ側を縫い、余分をカットする。
3. 前面外布とファスナーを中表に合わせて縫う。
4. ③と内布を中表に合わせて縫い、ファスナーのはみ出した部分をカットする。
5. ファスナーのもう一方に後ろ面外布と内布を③、④と同様に縫いつける。
6. 外布、内布どうしを中表に合わせ、返し口を残して縫う。
7. 表に返して返し口をとじ、内布をおさめて形を整える。ファスナーの引き手に革テープを通して結ぶ。

[寸法図]

前面外布(リネン・A ベージュ、B 生成り)1 枚

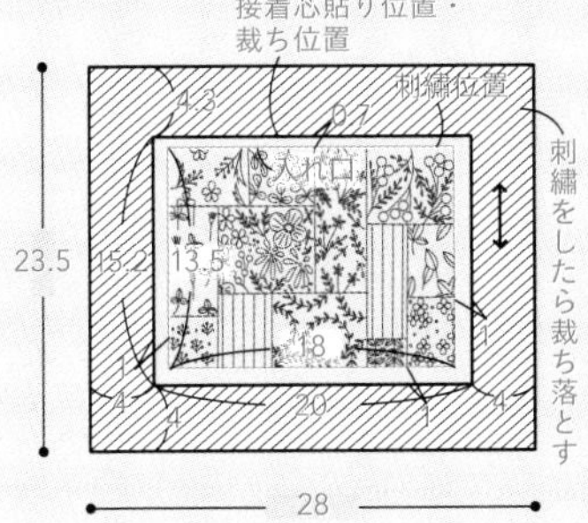

接着芯貼り位置・裁ち位置
刺繍位置
入れ口
刺繍をしたら裁ち落とす
23.5
15.2
13.5
18
20
28
4.3
0.7
4
1

後ろ面外布(リネン・A 赤、B からし色)1 枚
内布(コットン)2 枚

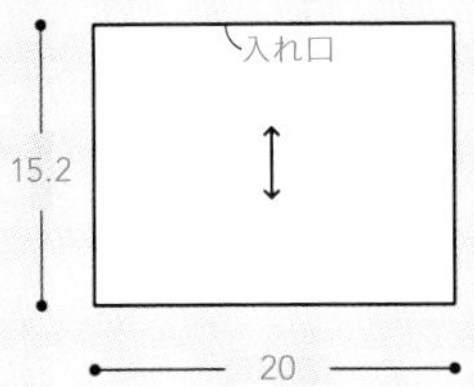

入れ口
15.2
20

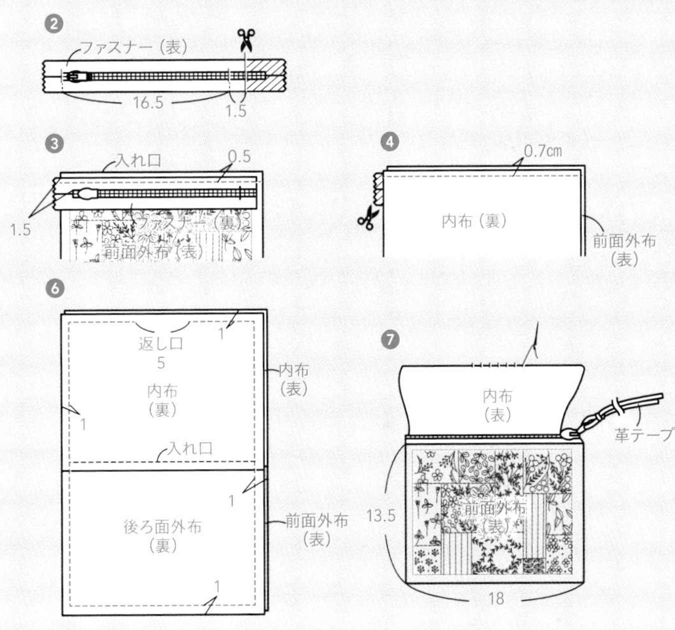

ファスナー(表)
16.5
1.5
入れ口
0.5
ファスナー(裏)
前面外布(表)
0.7cm
内布(裏)
前面外布(表)
返し口
5
内布(裏)
内布(表)
入れ口
後ろ面外布(裏)
前面外布(表)
1
内布(表)
革テープ
前面外布(表)
13.5
18

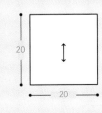

花待ちのプレイスマット

［ 作品 p.46 ／実物大図案 p.92 ／でき上がりサイズ：縦 18cm× 横 18cm ］

材料

[糸]オリムパス 25 番刺しゅう糸
　色は p.92 の図案参照

[布]リネン(亜麻色)：48cm×28cm

接着芯：20cm×20cm

作り方

1. p.97 の「新緑のカバークロス」の①、②と同様に作る(返し口は 6cm)。
2. 表に返して返し口をとじる。

[寸法図]

前面(リネン)1 枚

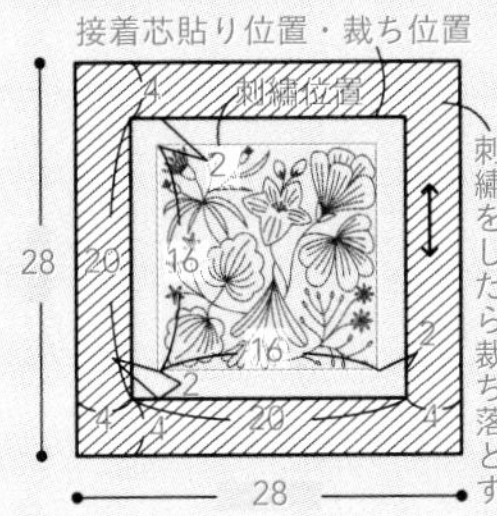

接着芯貼り位置・裁ち位置
刺繍位置
刺繍をしたら裁ち落とす
28
20
16
2.2
4
20
28

後ろ面(リネン)1 枚

20

20

18
18
前面
(表)

草花刺繡のブックカバー ［作品 p.28／実物大図案 p.78／でき上がりサイズは図参照］

［作品 p.28／実物大図案 p.78／でき上がりサイズは図参照］

材料

［糸］オリムパス 25 番刺しゅう糸
　　各色は p. 78、79 の図案参照

［布］リネン（茶色）：38.5cm×18.5cm
　　コットン（ピンク）：38.3cm×17.3cm

接着芯：38.5cm×17.5cm

コットンテープ（からし色）：幅 1.8cm を 17.5cm

作り方

❶外布の裏に接着芯を貼り、指定の位置に刺繡をする（刺し方はp.78、79の図案参照）。斜線部分の布を裁ち落とす。

❷外布と内布を中表に合わせ（内布の布端は引っ張るようにして外布の布端に合わせる）、返し口を残してそで側を縫う。

❸そでを折り込んでテープを挟み、そで側以外を縫う。余分な縫い代をカットする。

❹表に返して返し口をとじる。

［寸法図］

外布（リネン）1 枚

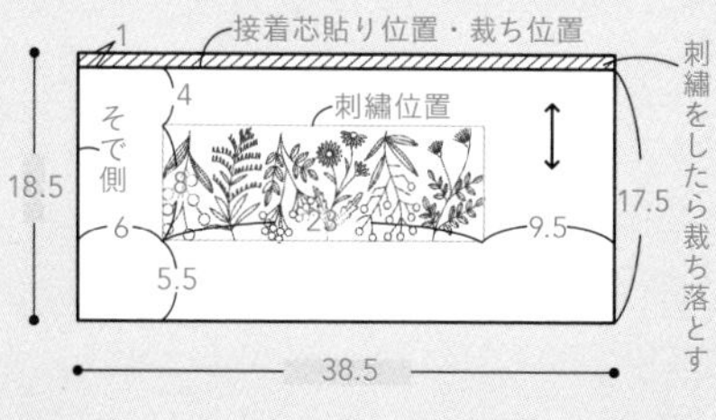

1
接着芯貼り位置・裁ち位置
4
刺繡位置
そで側
8
23
6
9.5
5.5
18.5
17.5
38.5
刺繡をしたら裁ち落とす

内布（コットン）1 枚

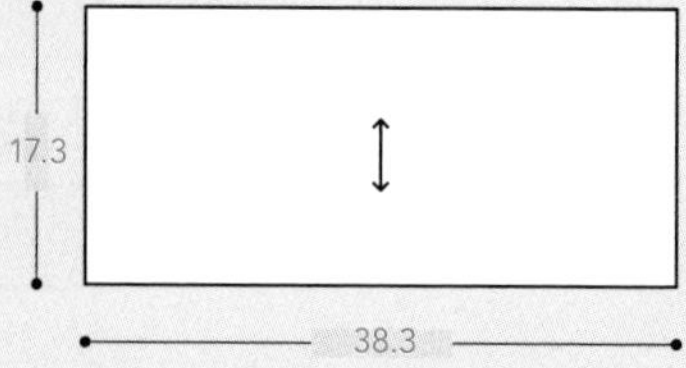

17.3
38.3

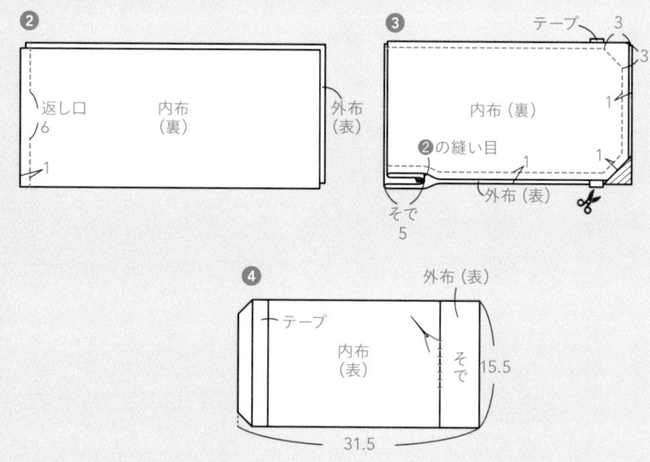

❷
返し口
6
1
内布
（裏）
外布
（表）
❸
テープ
3
3
内布（裏）
1
❷の縫い目
1
1
外布（表）
そで
5
❹
外布（表）
テープ
内布
（表）
そで
15.5
31.5

草花刺繡のしおり（A,B） ［作品 p.30／実物大図案 p.79／でき上がりサイズ：縦 14cm× 横 5 cm］

材料（1 個分）

［糸］オリムパス 25 番刺しゅう糸
　　各色は p.79 の図案参照
　　ひも用糸　**A**：青緑（222）、**B**：ピンク（129）

［布］**A**（緑）、**B**（ピンク）：15cm×24cm

接着芯：5 cm×14cm

作り方

❶本体の裏に接着芯を貼り、図案とでき上がり線を写し、刺繡をする（刺し方はp.79の図案参照）。斜線部分の布を裁ち落とす。

❷ひもを作る。刺繡糸6本どり3本（各40cm）を三つ編みにし、両端をそれぞれ結ぶ。

❸ひもを二つ折りにして本体の上辺中央に仮どめする。

❹❸を中表に二つ折りにし、返し口を残して長辺を縫う。

❺❹の縫い目を中央にずらして縫い代を割り、上下を縫う（ひもを縫わないように注意）。

❻表に返して返し口をとじる。ひものつけ側を結ぶ。

［寸法図］

本体（リネン）1 枚

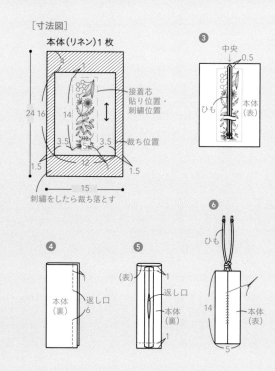

ウール刺繍のオーナメント(A〜J)

[作品 p.36 ／実物大図案 p.84, 85 ／でき上がりサイズ：縦 7〜8 cm× 横 6〜7 cm]

材料(1 個分)

[糸]アップルトン クルウェルウール糸
　各色は p.84、85 の図案参照
[布]リネン(生成り)：35cm×20cm
接着芯：15cm×15cm
綿コード(生成り)：直径 0.2cm を 5 cm
わた：適量

作り方

1. 前面の裏に接着芯を貼り、図案とでき上がり線を写し、指定の位置に刺繍をする(刺し方はp.84、85の図案参照)。斜線部分の布を裁ち落とす。
2. 前面と後ろ面を中表に合わせ、返し口を残して縫う。
3. 表に返してわたを詰め、返し口の縫い代を折り込んでとじる。
4. 綿コードを二つ折りにし、後ろ面の頂点に縫いつける。

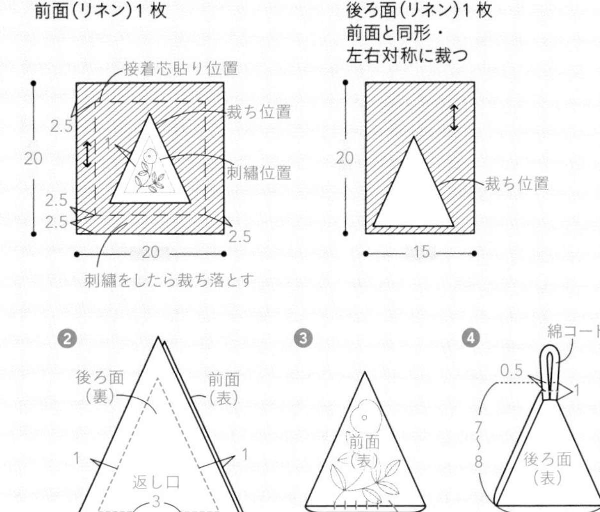

[寸法図]
前面(リネン)1 枚
接着芯貼り位置
裁ち位置
刺繍位置
刺繍をしたら裁ち落とす
後ろ面(リネン)1 枚
前面と同形・
左右対称に裁つ
裁ち位置
後ろ面
(裏)
前面
(表)
返し口
前面
(表)
綿コード
後ろ面
(表)

冬の花の巾着ポーチ

[作品 p.40 ／実物大図案・実物大型紙 p.88 ／でき上がりサイズ：縦約 13.5cm× 横 12cm]

材料

[糸]オリムパス 25 番刺しゅう糸
　各色は p.88 の図案参照
[布]リネン(生成り)：43cm×17.5cm
　コットン(薄緑)：28cm×14cm
接着芯：14cm×14cm
綿コード(生成り)：直径 0.2cm を 1.2m

作り方

1. 前面外布の裏に接着芯を貼り、図案とでき上がり線を写し、指定の位置に刺繍をする(刺し方はp.88の図案参照)。実物大型紙を合わせて斜線部分の布を裁ち落とす。
2. 口布の両脇を折って縫い、外表に二つ折りにする。2枚作る。
3. 口布を前面外布に仮どめする。
4. 前面外布と内布を中表に合わせて入れ口を縫う。
5. 3、4と同様に後ろ面外布に口布をつけ、内布を合わせて縫う。
6. p.99の「パッチワーク刺繍のポーチ」の6と同様に作る(返し口は5cm)。
7. 表に返して返し口をとじ、内布をおさめて形を整える。綿コード(各60cm)を口布に交互に通して結ぶ。

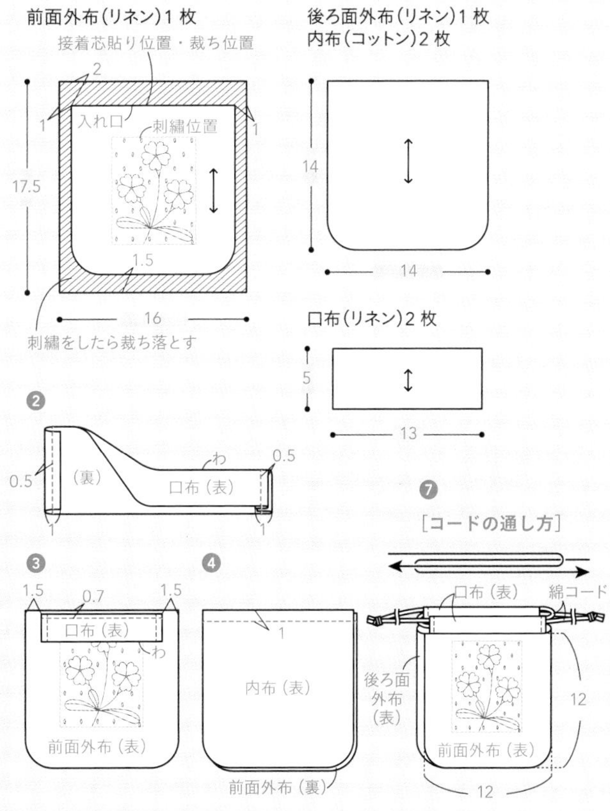

[寸法図]
前面外布(リネン)1 枚
接着芯貼り位置・裁ち位置
入れ口
刺繍位置
刺繍をしたら裁ち落とす
後ろ面外布(リネン)1 枚
内布(コットン)2 枚
口布(リネン)2 枚
(裏)
口布(表)
わ
[コードの通し方]
口布(表)
綿コード
後ろ面
外布
(表)
前面外布(表)
内布(表)
前面外布(裏)

早春色のピンクッション(A,B,C)

[作品 p.48 ／実物大図案 p.94 ／でき上がりサイズ：A：縦 8 cm× 横 8 cm、B・C：縦 6 cm× 横 10cm]

材料(1 個分)

[糸]オリムパス 25 番刺しゅう糸
　各色は p.94 の図案参照
[布]リネン：A(ピンク)：18cm×18cm、
　B(グリーン)：20cm×16cm、
　C(ベージュ)：20cm×16cm
接着芯　A：8cm×8cm、B・C：10cm×6cm
羊毛：適量

作り方[A]

❶ 本体の裏に接着芯を貼り、図案とでき上がり線を写し、指定の位置に刺繡をする(刺し方はp.94の図案参照)。斜線部分の布を裁ち落とす。
❷ 中表に二つ折りにし、返し口を残して口側を縫う。
❸ ❷の縫い目を中央にずらして縫い代を割り、上下を縫う。
❹ 表に返して羊毛を詰め、返し口をとじる。

作り方[B・C]

Aの❶～❹と同様に作る。

[寸法図]

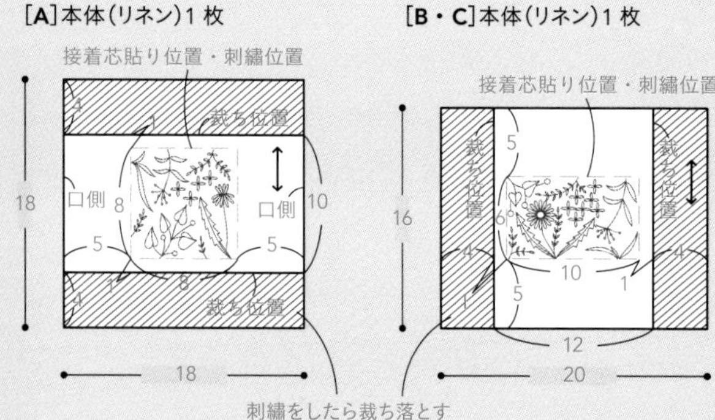

[A]本体(リネン)1 枚
接着芯貼り位置・刺繡位置
裁ち位置
口側
口側
18
18
[B・C]本体(リネン)1 枚
接着芯貼り位置・刺繡位置
裁ち位置
16
12
20
刺繡をしたら裁ち落とす

❷
本体(裏)
返し口
(表)

❸
本体(裏)
返し口

❹[A]
本体(表)

[B, C]
本体(表)

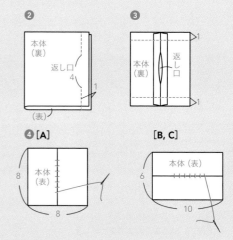

春一番のマチつきポーチ

[作品 p.50 ／実物大図案 p.95 ／でき上がりサイズ：幅 21cm× 高さ約 12.5cm× マチ 8cm]

材料

[糸]オリムパス 25 番刺しゅう糸
　各色は p.95 の図案参照
　タッセル用糸：深緑(206)：1 束
[布]リネン(グリーン)：46cm×21cm
　コットン(ピンク)：46cm×18cm
接着芯：46cm×18cm(23cm×18cm を 2 枚)
コイルファスナー(深緑)：長さ 20cm を 1 本

作り方

❶ p.99の「パッチワーク刺繡のポーチ」の❶、❸～❻と同様に作る。
❷ 底の角を三角にたたんでマチを縫い、斜線部分の布を裁ち落とす(外布、内布各2カ所作る)。
❸ 表に返して返し口をとじ、内布をおさめて形を整える。
❹ タッセルを作り、ファスナーの引き手に通す。タッセルの作り方はp.103参照。

[寸法図]

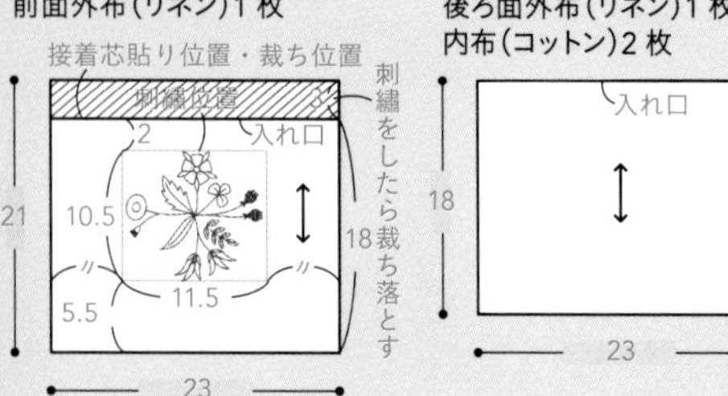

前面外布(リネン)1 枚
接着芯貼り位置・裁ち位置
刺繡位置
入れ口
刺繡をしたら裁ち落とす
後ろ面外布(リネン)1 枚
内布(コットン)2 枚
入れ口
21
18
23
23

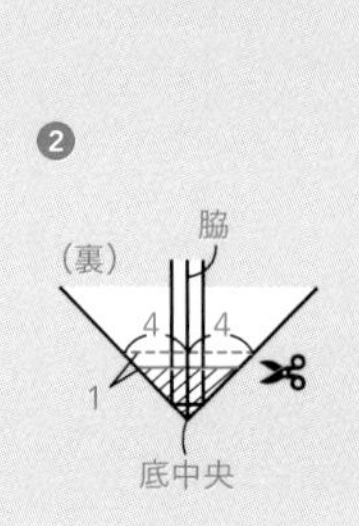

❷
(裏)
脇
底中央

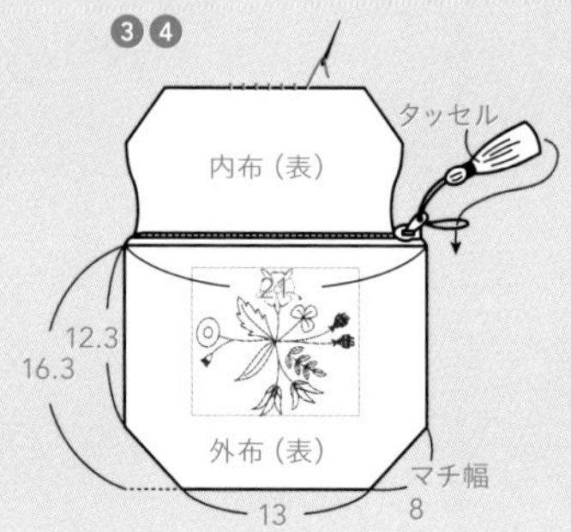

❸❹
タッセル
内布(表)
外布(表)
マチ幅
8
13

空想植物の小さなバッグ

［作品 p.44 ／実物大図案 p.91 ／でき上がりサイズ：縦 23cm× 横（入れ口）19cm、（底）20cm］

材料

［糸］オリムパス 25 番刺しゅう糸
　各色は p.91 の図案参照
［布］リネン（亜麻色）：56cm×40cm
　コットン（ピンク）：44cm×25cm
接着芯：22cm×25cm

［寸法図］

前面外布（リネン）1 枚

持ち手（リネン）2 枚

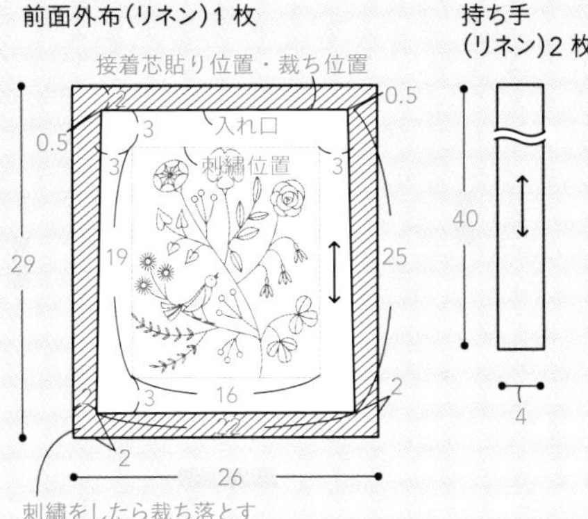

接着芯貼り位置・裁ち位置
0.5
入れ口
刺繍位置
3
19
29
25
40
16
2
26
4
刺繍をしたら裁ち落とす

後ろ面外布（リネン）1 枚
内布（コットン）2 枚

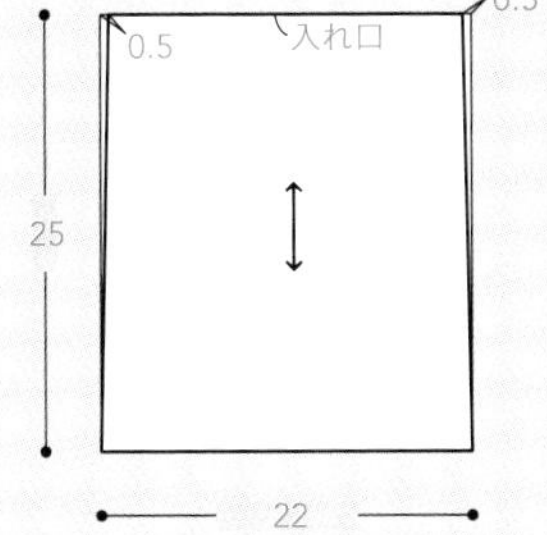

0.5
入れ口
25
22

作り方

❶前面外布の裏に接着芯を貼り、指定の位置に刺繍をする（刺し方はp.91の図案参照）。斜線部分の布を裁ち落とす。
❷持ち手を外表に四つ折りにして縫う。 2本作る。
❸持ち手を前面外布に仮どめする。
❹前面外布と内布を中表に合わせて入れ口を縫う。
❺❸、❹と同様に後ろ面外布に持ち手をつけ、内布を合わせて縫う
❻p.99の「パッチワーク刺繍のポーチ」の❻と同様に作る（返し口は８cm）。
❼表に返して返し口をとじ、内布をおさめて形を整える。

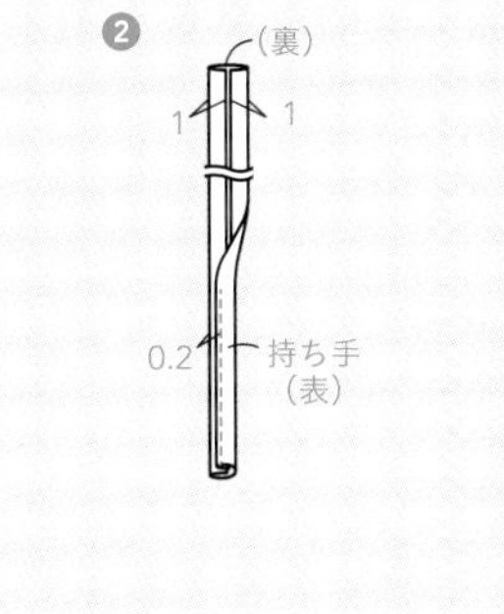

❷
（裏）
1
0.2
持ち手
（表）

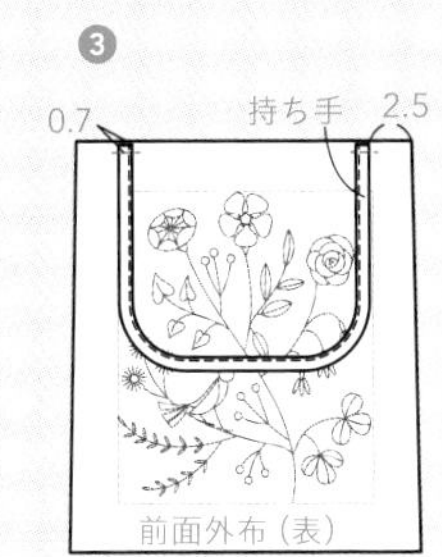

❸
0.7
持ち手
2.5
前面外布（表）

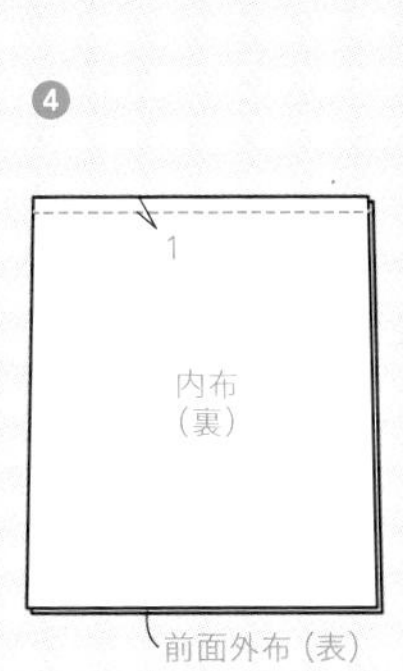

❹
1
内布
（裏）
前面外布（表）

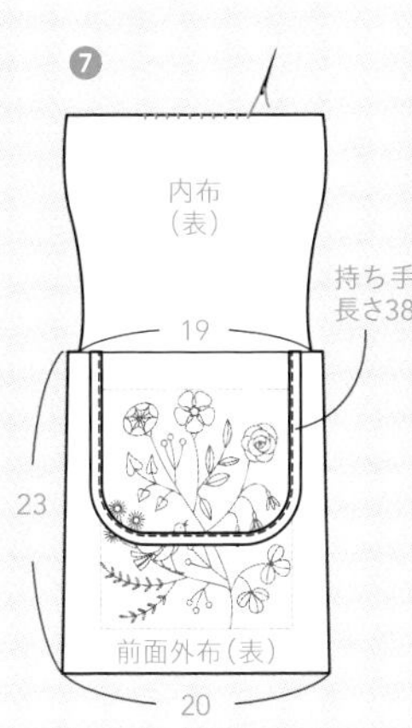

❼
内布
（表）
持ち手
長さ38
19
23
前面外布（表）
20

タッセルの作り方

❶タッセル用の刺繍糸から糸A（6本どり・10cm）、糸B（3本どり・30cm）をカットする（ラベルは束から外さない）。
❷糸Aの両端を合わせて結び、結び目を刺繍糸の束の中央に差し込む。
❸糸Bを刺繍針に通し、糸Aが外れないように6〜7回巻きつける。
❹ラベルを外して束を二つ折りにし、糸Bを図のように巻きつける。巻き終わりは巻いた部分に通してカットする。
❺図のように紙を巻いてテープを貼り、房を切りそろえる。紙を外す。

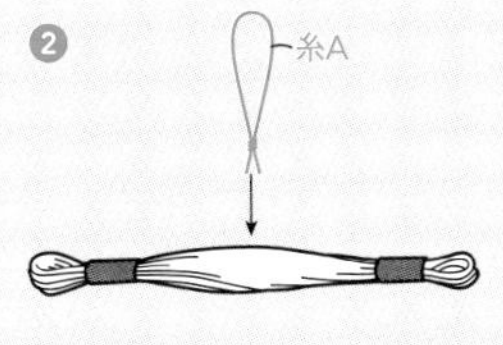

❷
糸A

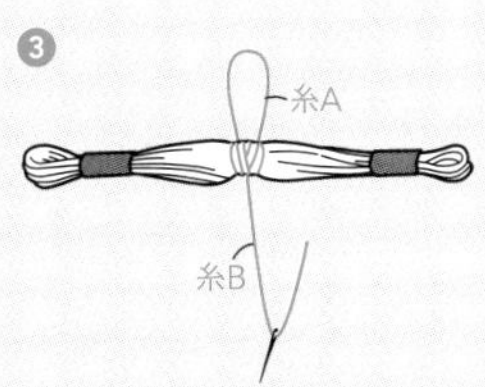

❸
糸A
糸B

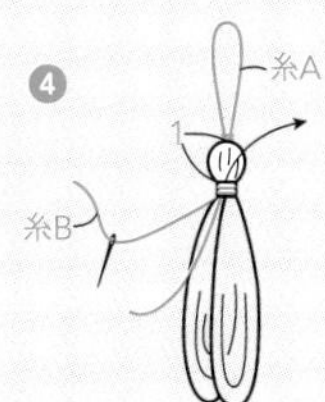

❹
糸A
1
糸B

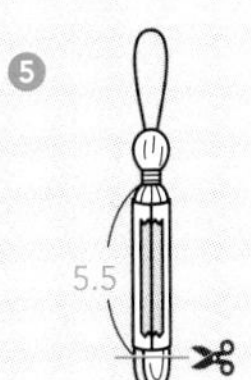

❺
5.5

マカベアリス

刺しゅう作家。書籍の制作、手芸誌への作品提供、個展の開催などで活動中。著書に『野のはなとちいさなとり』(ミルトス)、『植物刺繡手帖』(日本ヴォーグ社)、『マカベアリスの刺繡物語〜自然界の贈り物〜』(主婦と生活社)、『小さな野花の刺しゅう』(成美堂出版)など。季節の流れの中に感じる、小さな感動や喜びをかたちにしていけたら…と、日々針を動かしている。
https://makabealice.jimdofree.com/

植物刺繡(しょくぶつししゅう)と12か月(げつ)のおはなし

2021年9月20日　第1刷発行
2024年8月10日　第3刷発行

著　者　マカベアリス
発行者　竹村　響
印刷所　株式会社光邦
製本所　株式会社光邦
発行所　株式会社 日本文芸社
〒100-0003　東京都千代田区一ツ橋1-1-1　パレスサイドビル8F

Printed in Japan　112210901-112240802Ⓝ03(201089)
ISBN978-4-537-21925-8
URL https://www.nihonbungeisha.co.jp/

編集担当　吉村

ブックデザイン
福間優子

撮影
清水美由紀
(表紙、p.5〜7, 9〜16, 18, 19, 21〜23, 25〜27, 29〜31, 33〜36, 38, 39, 41〜43, 45〜47, 49〜51, 54, 55)

マカベアリス
(p.4, 8, 17, 20, 24, 28, 32, 37, 40, 44, 48, 52, 53)

天野憲仁(日本文芸社)
(p.54〜56, 58, 59, 62, 64)

作り方製図
吉田 彩

トレース
八文字則子

編集
須藤敦子

糸提供
オリムパス製絲株式会社
〒461-0018　愛知県名古屋市東区主税町4-92
Tel: 052-931-6679

撮影協力
栞日　https://sioribi.jp/
monbus　https://monbus-life.com/